deportivamente
MAGISTERIO

Guimaraes, Tonhino

    El entrenamiento deportivo / Tonhino Guimaraes. — Bogotá: Coope -
rativa Editorial Magisterio, 4 ta. ed. 2015

    168 p. ; 24 cm. — (Colección Deportivamente)

    Incluye Bibliografía.

    1.   Entrenamiento deportivo 2. Planificación deportiva 3. Educación
física 4. Pruebas deportivas I. Tít. II. Serie

796.077 cd 20 ed.

AGS9 126

Tonhino Guimaraes Rodríguez

El entrenamiento deportivo

Capacidades físicas

Colección Deportivamente

EL ENTRENAMIENTODEPORTIVO
Capacidades físicas

Autor
© **LIC. TONINHO GUIMARAES RODRÍGUEZ**

Libro ISBN: 978-958-20-0517-7

Primera edición: Hecha en México.
Segunda edición: 1999.
Tercera edición: 2008.
Cuarta edición: 2015.

©   **COOPERATIVA EDITORIAL MAGISTERIO**
       Diag. 36 Bis # 20 - 70 Parkway - La Soledad
       Celular: (+57) 312 4354489
       Bogotá, D.C. Colombia
       www.magisterio.com.co
       info@magisterio.com.co

Dirección General
ALFREDO AYARZA BASTIDAS

Contenido

Introducción

Capítulo 1
Aspectos generales 13
    La alimentación del deportista 13
    La higiene del deportista 14
    Problemas sociales de los deportistas de alto rendimiento 16
    Los problemas sociales de los deportistas internos 16
    Los problemas sociales de los deportistas externos 18
    Los viajes 18
    Las exigencias del entrenamiento deportivo. 19
    Reglas de autocontrol para deportistas. 20

Capítulo 2
Adecuación morfofuncional (Calentamiento) 21
    El calentamiento. 21
    La importancia del calentamiento 22
    Los efectos positivos del calentamiento. 23
    La fisiología del calentamiento. 23
    Las formas de calentamiento. 23

Capítulo 3
El entrenamiento deportivo 35
    Los objetivos del entrenamiento 35
    Los medios del entrenamiento. 36
    Los ejercicios corporales. 36
    Las cargas de entrenamiento. 38
    La clave para el éxito en el entrenamiento. 39
    Los diferentes tipos de carga 40

Los métodos de carga universales 41
La duración y densidad de la carga. 42
La intensidad y el volumen de la carga 42
La dosificación de la carga 43
La carga y el descanso. 46
Las cargas de entrenamiento. 47
La carga total 47
El sobreentrenamiento 48
El entrenamiento psicológico. 50
El entrenamiento autógeno 50
El entrenamiento mental. 51
El entrenamieto por observación 52
El entrenamiento verbal 54
Los fundamentos y la realización del entrenamiento. 55

Capítulo 4

Planificación, periodización y evaluación del entrenamiento deportivo.

. . . . 57
Bases y principios de la planificación del entrenamiento. 57
La periodización del entrenamiento deportivo 58
Los períodos del entrenamiento deportivo 59
Los factores de la periodización del entrenamiento deportivo. . . . 60
El programa de entrenamiento. 61
La unidad de entrenamiento 63
El programa olímpico de entrenamiento. 66
Cómo estructurar un programa olímpico de entrenamiento 67

Capítulo 5

Las capacidades físicas

. 71
Qué son las capacidades físicas 71
La fuerza. 73
El entrenamiento de la fuerza 74
Los ejercicios con pesas 75
El entrenamiento en circuito. 77
Velocidad. 82
El desarrollo de la velocidad 82
¿De qué depende la velocidad?. 83
El entrenamiento de la velocidad 84
La resistencia 87
¿Cómo desarrollar el tipo de resistencia correcto? 90

El entrenamiento de la resistencia 91
Reglas para entrenar las carreras de resistencia. 91
Diferentes formas para enfrentar la resisitencia 94
La selección de los ejercicios 94
El dolor de caballo 95
La flexibilidad-movilidad 96
La constitución de las articulaciones. 98
Entrenamiento de la flexibilidad-movilidad 101
Contrólate tú mismo. 102
Las cualidades coordinativas. 103
El desarrollo de las cualidades coordinativas. 107
Reglas para entrenar la coordinación 107
Las cualidades coordinativas en el deporte. 108
Las facultades mentales. 109
Las percepciones ópticas del movimiento 111
La concentración. 112
La relajación 114

Capítulo 6
Técnicas y táctica deportivas

Técnicas y táctica deportivas 115
La técnica deportiva. 116
La técnica del tiro libre en basquetbol. 119
La técnica en clavados 121
La técnica en natación 122
La táctica deportiva 123

Capítulo 7
La evaluación

La evaluación. 125
Tests físico-deportivos 125
Test (pruebas) de aptitud física general 126
Tests específicos para niños de 10 a 13 años. 127
Teste de salto vertical 133
Test de flexibilidad-movilidad 134
Test de abdominales. 135
Test de salto sin impulso 136
Test de triple salto 137
Test de lagartijas 138
Test de dorsales 139
Test de coordinación general 140
Test de 15 metros slálom 141

Test de 20, 30, 40 y 60 metros lanzados 142
Test de 60 metros parados 143
Test de 300 metros planos 143
Capacidad física de mi organismo 144

Anexo 1: 156

Detección y selección de talentos deportivos en
niños y jóvenes 156
Bibliografía 163
El autor 165

Prólogo de la primera edición

Con la idea de ayudar a los deportistas jóvenes y a quienes trabajan con ellos, el autor escribió este libro que abarca varios aspectos de *la teoría del entrenamiento deportivo*, que puede ser de gran utilidad tanto a los jóvenes deportistas como a monitores, entrenadores deportivos y profesores de educación física.

La teoría del entrenamiento deportivo se está desarrollando en forma muy dinámica, aunque no todas las cuestiones están hoy completamente claras y confirmadas en la práctica deportiva. Pero por otro lado, hay muchos elementos bien definidos y aprovechados con éxito por muchos entrenadores, médicos deportivos y deportistas en sus constantes intentos por elevar el nivel de rendimiento deportivo.

En este libro, por necesidad, sólo se tratan algunos aspectos en forma muy general y accesible.

Aprovechando las ideas y sugerencias de *la teoría del entrenamiento deportivo*, se puede manejar adecuadamente y muchas veces acelerar el desarrollo deportivo (nivel de rendimiento) de muchos jóvenes candidatos para futuros campeones; pero más importante, por el aspecto social de las actividades físicas, es dar a todos los niños y jóvenes una preparación multilateral teniendo en cuenta la elevación de la calidad de la salud.

El autor del libro conoce bien el ambiente deportivo latinoamericano y sus deficiencias en el aspecto de la preparación de los jóvenes deportistas, por eso este libro contiene muchas sugerencias basadas en la ciencia del entrenamiento, que pueden ser aprovechadas en la práctica deportiva.

El lector puede encontrar aquí métodos y medios de entrenamiento ampliamente comprobados por las ciencias aplicadas en el deporte y confirmados en la práctica deportiva por gran cantidad de entrenadores y deportistas.

Es importante señalar que muchas veces los instructores y entrenadores que tienen a su cargo la preparación de jóvenes deportistas, les aplican altas cargas de entrenamiento sin una previa y adecuada preparación. Estos "entrenadores" buscan los altos resultados deportivos lo más rápido posible, sin tener en cuenta el estado del desarrollo biológico y deportivo del joven organismo. El joven *no* es un adulto pequeño, su organismo está en constante desarrollo y necesita otros métodos y medios que un organismo maduro.

La preparación multilateral (general), debe anteceder siempre al entrenamiento específico, el cual se basa en una carga de gran intensidad de trabajo.

También se debe considerar la individualidad del entrenamiento, especialmente en el aspecto de la intensidad de las cargas de trabajo y en el adecuado descanso entre los entrenamientos.

Otro aspecto muy importante que se debe considerar es la edad del máximo rendimiento deportivo en cada una de las disciplinas deportivas.

Todos los elementos anteriormente mencionados el autor los trata y aplica aquí en forma correcta y accesible.

Por falta de un libro que trae en forma sencilla diferentes problemas de *la teoría del entrenamiento deportivo*, creo que esta edición puede ayudar mucho a los instructores, entrenadores y profesores de educación física, así como a los deportistas a elevar su nivel de rendimiento deportivo y escolar, como también puede ser útil a la joven sociedad latinoamericana en todos los aspectos.

Primera edición hecha en México

Introducción

La teoría del entrenamiento deportivo es una rama de la cultura física, cuyo propósito es analizar, experimentar y comprobar la utilidad de las diferentes propuestas orientadas a mejorar el rendimiento deportivo, así como disminuir los efectos dañinos en el organismo de los deportistas, provocados por las exigencias cada vez mayores de esfuerzo a que son sometidos. Es decir, el objetivo primordial de la teoría del entrenamiento deportivo es lograr un rendimiento deportivo de calidad con el menor daño posible para los atletas deportistas, ya sean éstos profesionales o aficionados.

Durante la segunda mitad del presente siglo, ésta rama del conocimiento ha experimentado un gran dinamismo, debido sin duda a la gran cantidad de personas que día a día se incorporan a la práctica de alguna modalidad deportiva, quienes demandan atención especializada que les ayude a mejorar su rendimiento y a evitar los efectos nocivos que se presentan sobre todo cuando las actividades físicas son ejecutadas sin mediar un programa personalizado que considere las posibilidades reales de rendimiento del sujeto, sobre la base de los conceptos de la teoría y metodología del entrenamiento deportivo.

En el presente libro se retoman los conceptos de la moderna teoría y metodología del entrenamiento deportivo, que a juicio de los autores ejercen mayor influencia en el rendimiento deportivo, los cuales son expuestos mediante un lenguaje muy sencillo, con el fin de facilitar la comprensión de sus contenidos, sobre todo a las jóvenes generaciones de deportistas, que más tarde les permitan profundizar en el análisis de los conocimientos científicos que respaldan el rendimiento deportivo, ya que en la actualidad esta cuestión es de vital importancia para alcanzar una forma deportiva de excelencia.

En el primer capítulo se hace una revisión (muy breve por cierto) de algunos aspectos que se consideran importantes para la salud y el rendimiento del deportista; como son la alimentación, la higiene, los problemas sociales, las exigencias del entrenamiento, etc.

El segundo capítulo está dedicado a la educación morfo-funcional (calentamiento) desde un punto de vista muy general, con propuestas tendientes a facilitar la aplicación de los ejercicios de calentamiento específico.

A continuación en el capítulo 3 se aborda lo relacionado al entrenamiento deportivo: sus objetivos, sus métodos y medios, así como las cargas de entrenamiento y otros aspectos.

El capítulo 4 corresponde a la planificación, periodización y evaluación del entrenamiento deportivo, donde se explican las bases y los principios de la planificación y periodización del entrenamiento, así como la forma de estructurar un programa olímpico de entrenamiento.

El capítulo 5 está dedicado al análisis de las capacidades físicas, las cualidades coordinativas y las facultades mentales como entidades determinantes del movimiento. Dentro de éste capítulo se describe lo relacionado a la fuerza, la velocidad, la resistencia y la flexibilidad; incluyéndose algunos ejercicios para estimular el desarrollo de las mismas. Además, se incluyen algunas sugerencias para el desarrollo y perfeccionamiento de las cualidades coordinativas y las facultades mentales.

En el capítulo 6 se analizan varios aspectos de la técnica deportiva, y se hacen algunas sugerencias para el mejor aprendizaje de la misma. Además, dentro de éste capítulo se hace una revisión muy breve de lo relacionado a la táctica y la estrategia aplicadas a la práctica deportiva.

Finalmente, en el capítulo 7 se proponen algunas series de pruebas o tests físico-deportivos, que pueden ser de gran utilidad para evaluar tanto la condición inicial de los deportistas, como los progresos alcanzados en cada una de las etapas de su proceso de formación.

Al final del libro se incluye un anexo con una batería de pruebas específicas para la detección y selección de talentos deportivos en niños y adolescentes, cuya eficacia ha sido ampliamente comprobada.

Capítulo 1

Aspectos generales

√   La alimentación del deportista
√   La higiene del deportista
√   Problemas sociales de los deportistas de alto rendimiento
√   Problemas sociales de los deportistas internos
√   Problemas sociales de los deportistas externos
√   Los viajes
√   Exigencias del entrenamiento
√   Reglas de autocontrol para deportistas

La alimentación del deportista

Una buena alimentación es parte de la preparación física del deportista. Si se quieren obtener buenos resultados en el deporte, se debe alimentar adecuadamente. Esto no es difícil, en primera instancia no se debe comer en demasía, pues esto resulta contraproducente; lo ideal sería comer sólo lo indicado por un especialista en nutrición.

Para los deportistas es de primordial importancia comer frutas y verduras, especialmente durante el invierno, ya que éstas contienen las vitaminas que ayudan a fortalecer al organismo para un mayor rendimiento.

Después de comer no es conveniente entrenar o competir, porque el estómago, al estar haciendo la digestión de los alimentos, no le es posible atender otras funciones, esto restaría rendimiento en el entrenamiento o en la competencia.

Los alimentos deben ingerirse por lo menos dos horas antes del entrenamiento o la competencia (según el deporte o prueba). Entrenar y competir indica un gran esfuerzo y desgaste físico, por eso es necesario que se ingieran alimentos a los cuales se está acostumbrado, para evitar problemas de digestión.

Antes de las prácticas o competencias no se debe comer en demasía, porque un estómago lleno entorpece la digestión y disminuye el rendimiento.

Para evitar la mala digestión se debe comer despacio, masticando bien los alimentos, no tragarlos. Tomar líquidos en forma moderada antes y durante los entrenamientos; así como durante las competencias. No ingerir bebidas frías cuando el cuerpo esté caliente, para evitar problemas de enfriamiento sobre todo en la garganta.

La alimentación es sólo uno de los factores prioritarios para la práctica del deporte de alto rendimiento.

Cabe recordar que en la alimentación existen muchos tabúes y discrepancias, así como hábitos y costumbres que se dan en cada pueblo, país o región, conservándolos incluso por siglos, pero por razón natural un niño come cada vez que tiene hambre.

En nuestro país casi institucionalizado que se ingieren alimentos tres veces al día ¿Por qué tres alimentos en un día , cuando en otros países se tienen implantados de cuatro a cinco alimentos en un día? La respuesta es muy simple; cuestión de costumbre, pero para deportistas esto no funciona.

La higiene del deportista

La higiene es una rama de la medicina que se encarga de la formulación de las reglas y preceptos que ayuden a la conservación de la salud y a la prevención de las enfermedades.

En la práctica deportiva hay ciertas reglas de higiene que deben observarse, ya que influyen en buena medida en el logro de los objetivos.

Es muy importante realizar entrenamientos con la ropa adecuada de acuerdo a la estación del año, cuidando que esté siempre limpia antes de usarla, al igual que los tenis, para evitar la proliferación de bacterias que podrían enfermar el organismo.

Ejercicios de entrenamiento con ropa adecuada

También es muy importante observar la limpieza de los alimentos, lavarse las manos antes de comer así como el horario más adecuado para alimentarse, con el fin de conservar la salud del aparato digestivo, tan importante para el buen funcionamiento del cuerpo.

Otra regla importante es el aseo personal: bañarse siempre después de los entrenamientos y competencias, cepillarse los dientes después de ingerir alimentos, cortarse las uñas con cierta regularidad y en forma tal que ayude a prevenir las uñas encarnadas, cuidar mucho de la limpieza de los pies para prevenir el pie de atleta.

Cuando la temperatura es muy inestable se recomienda usar sudadera, para prevenir enfriamientos que frecuentemente se convierten en resfriados y, a veces, en complicaciones mayores que interrumpen el proceso del entrenamiento.

La higiene mental también es muy importante en el logro de los grandes resultados en el deporte. Se debe procurar desechar las situaciones desagradables que impidan la concentración en los objetivos por alcanzar.

Otras reglas importantes son: dormir lo suficiente y en horarios adecuados, no ingerir bebidas alcohólicas, no fumar, no ingerir droga o substancia alguna con el fin de estimular el rendimiento del organismo, esto tarde o temprano se revertirá contra sí mismo, física o moralmente.

Problemas sociales de los deportistas de alto rendimiento

Los problemas sociales forman parte de los estímulos externos que afectan positiva o negativamente el rendimiento deportivo, que muchas veces son ignorados por las personas encargadas de la preparación y conducción de los jóvenes deportistas, por los familiares y aficionados al deporte y, más aún, por los directivos del deporte.

Con mucha frecuencia los deportistas deben enfrentar una serie de situaciones que en poco favorecen a la concentración durante los entrenamientos o las competencias, de ahí nuestro interés aunque sea en forma breve, algunos aspectos sobre los cuales el entrenador debe poner especial atención, con el fin de procurar una mayor comprensión hacia los sujetos que realizan la acción del deporte.

Los problemas sociales de los deportistas internos

Los problemas sociales de los deportistas internos son los que menos se conocen, ya que se piensa que estos lo tienen todo: buena alimentación, habitación con todas las comodidades, que el lugar de entrenamiento no está lejos de la habitación, los entrenadores son lo mejor, que las instalaciones y el equipo de entrenamiento también son excelentes, en fin, que la situación de un deportista de alto rendimiento en el campo amateur es lo mejor.

Sin embargo, la realidad es muy diferente, ya que en los lugares de concentración el mismo deportista tiene que lavar su ropa y el equipo deportivo, arreglar la cama y el lugar donde habita, asearse y alimentarse dentro de un horario muy restringido; realizar el entrenamiento, donde la mayoría de veces se termina muy cansado por el esfuerzo realizado y los comentarios del entrenador cuando las cosas no salen como se desea. Luego, asearse nuevamente para comer, hacer la digestión aprovechando ese tiempo para arreglar las cosas; leer, hacer la tarea si se es estudiante y por la tarde nuevamente el entrenamiento. Otra vez el cansancio, más ropa para lavar, el aseo personal, hay que ir al masaje apurarse para cenar y luego ir a dormir; por lo general a las diez de la noche se cierra todo. Ya en los dormitorios, muchas veces no se puede conciliar el sueño porque se extraña a la familia y las atenciones que se reciben en casa; a los amigos, al ambiente del lugar de origen.

Cuando hay la oportunidad de salir de los lugares de la concentración, debemos enfrentarnos a las dificultades de transporte, a la agresividad de la gente, a los robos y asaltos; cuidarnos de los perros, de las cáscaras de plátano, en fin de tantas y tantas cosas más.

Por lo general dentro de los internados se carece de muchas cosas que como seres humanos necesitamos.

En cuanto a la familia, pocos son los deportistas que pueden presumir del apoyo familiar, e inclusive muchas veces los padres llevan a sus hijos a los lugares de entrenamiento deportivo para mantenerlos alejados de ellos, o para que los entretengan mientras ellos realizan sus actividades laborales, sociales o recreativas.

Todo esto forma parte de la problemática que los deportistas de alto rendimiento debemos enfrentar, para lo cual se requiere de una gran capacidad de adaptación, de buena disposición y espíritu de sacrificio; además, por supuesto, de una ética que como profesionales debemos observar al igual que lo hacen los médicos, los ingenieros y otros profesionales, con la desventaja para nosotros que en la actualidad la actividad deportiva ofrece pocas posibilidades de desarrollo personal en el ámbito profesional, donde solo unos pocos logran hacer de esta su modo de vida, mientras que la gran mayoría debe resignarse a vivir el resto de su vida con los recuerdos de las satisfacciones logradas dentro del deporte, o buscar en otros campos la oportunidad que le ayude a mitigar las amarguras o frustraciones por no haberse podido destacar en lo que un día fue su mayor ilusión. En muchos casos los deportistas terminan por dedicarse al consumo de sustancias enajenantes y destructivas, o se retiran con graves trastornos de conducta ocasionados por una deficiente conducción.

Los problemas sociales de los deportistas externos

Los problemas sociales de los deportistas externos son, por ejemplo, tener que trasladarse desde lugares lejanos hacia los centros de entrenamiento o de estudio; realizar los entrenamientos y las tareas escolares, lo que muchas veces ocasiona desvelos con el afán de cumplir aún a riesgo de disminuir las energías necesarias para realizar el entrenamiento. Además, se tienen que cargar las cosas de la escuela, del entrenamiento, etc.

Como se dice al inicio de estos comentarios, la problemática de los deportistas aficionados de alto rendimiento por lo general es desconocida. Sin embargo, la sociedad exige de los deportistas los mejores resultados en las competencias internacionales en que estos participan, negándoles incluso la posibilidad de fallar en sus propósitos, como si fuesen unos robots programados para ejecutar con precisión las acciones productoras de satisfacciones momentáneas; ignorando que los deportistas, como producto representativo de una sociedad, son afectados por los estímulos generados por las acciones realizadas hacia el interior de ésta. Es decir, el equilibrio que guarde en un momento dado la sociedad, afecta positiva o negativamente la deportista, y que, por lo tanto, los resultados se darán, entre otras cosas, en función al estado de cosas que guarde la sociedad en el momento de la competencia.

Los viajes

Viajar es algo que todo ser humano en algún momento de su existencia desea realizar, ya sea por conocer otros lugares, otras personas o formas de vida o simplemente por cambiar su rutina de vida.

En el caso de los deportistas la oportunidad de viajar, sobre todo cuando es a un lugar desconocido, provoca una serie de emociones difíciles de explicar. Se despierta la imaginación y el deseo de disfrutar al máximo la oportunidad, que bien puede ser sólo de unas cuantas horas, pero que es una realidad para comentar con los amigos, a veces exagerando la realidad.

Cuando se realiza un viaje a otro país, no falta quien empiece a cantar canciones nostálgicas o bravías, con lo cual se pretende manifestar el sentimiento hacia los seres queridos de los cuales nos alejamos y la nostalgia o patriotismo por el terruño que nos vio nacer.

A veces surgen problemas que derivan en discusiones o escándalos mayores, con el consecuente desprestigio para la institución y/o el país que representamos.

Se dice que lo anterior es una forma para desahogar las tensiones generadas por el aburrimiento o por las preocupaciones relativas a las competencias. Sin embargo, observaciones personales nos han permitido comprobar que en muchos de los casos quien genera éste tipo de situaciones es un individuo con resentimiento hacia los directivos o la institución que representa, porque piensa que no está recibiendo las atenciones que merece, razón por la cual asume esa actitud negativa durante el trayecto del viaje.

Las exigencias del entrenamiento deportivo

Para la realización de las metas establecidas en el programa de entrenamiento son necesarias ciertas características que nosotros denominamos como exigencias del entrenamiento, que consisten en lo siguiente:

1. – Las cualidades que nos permiten reconocer la relación que se tiene con las metas del entrenamiento:
    - Meta por alcanzar
    - Iniciativa
    - Optimismo
    - Arriesgar (riesgo)
    - Firmeza y decisión
    - Reconocimiento

2. – Cualidades derivadas de la relación con el entrenamiento:
    - Trabajo
    - Dominio
    - Puntualidad
    - Exactitud
    - Independencia
    - Alegría en la relación

3. –   Cualidades relacionadas con el lugar y los implementos del entrena-
        miento:
  -    Orden
  -    Cuidado
  -    Limpieza
  -    Precaución
  -    Economía
  -    Vigilancia

Reglas de autocontrol para deportistas

Comenta con tus compañeros y con tu entrenador sobre la utilidad de los siguientes aspectos:

1.   Observar tus acciones y notar en tu diario deportivo.

2.   Analizar esas anotaciones cuando haya pasado algún tiempo.

3.   Anotar también en tu diario deportivo las cualidades que debes me-
      jorar.

4.   Controlarte con cierta regularidad.

5.   Siempre tenemos algunas necesidades que se pueden utilizar como
      estímulo para lograr lo planeado. ¿Es bueno utilizarlas?

6.   Aprender por propia convicción, no porque sientas la obligación de
      hacerlo.

7.   Aprovechar toda oportunidad para desarrollar la fuerza de voluntad;
      lo que inicias debes terminarlo, aún cuando te parezca muy difícil.

8.   Realizar todo cuanto puedas por vencer el egoísmo.

9.   Ayudar a tus compañeros a controlarse por sí mismos.

Capítulo 2

Adecuación morfofuncional
(Calentamiento)

√   El calentamiento
√   La importancia del calentamiento
√   Los efectos positivos del calentamiento
√   La fisiología del calentamiento
√   Las formas (ejercicios) de calentamiento
√   El calentamiento general
√   El calentamiento local (específico)

El calentamiento

El calentamiento es un proceso progresivo de ejercicios que sirven para estimular el funcionamiento de los diferentes órganos o sistemas del cuerpo, como son el sistema circulatorio, el respiratorio y el locomotor, que está integrado principalmente por los músculos, los tendones, los ligamentos y los huesos.

Todo el organismo debe estar en perfectas condiciones físicas y con buena disposición psíquica antes de iniciar cualquier actividad intensa, con el fin de evitar alguna lesión o daño en el organismo.

Iniciar con movimientos suaves, sobre todo en las diferentes articulaciones durante 5-7 minutos, ayuda a estimular la producción del líquido sinovial, lo que a su vez facilita la ejecución del movimiento.

A continuación se debe trotar suavemente durante 12-15 minutos, o una distancia de 1.200 metros, o si se quiere más.

Continuar con ejercicios de gimnasia igualmente suaves y progresivos, para dar un buen calentamiento al organismo.

Finalmente se puede dar un calentamiento específico a las partes que habrán de trabajar más, es decir, si se va a entrenar el lanzamiento se deben realizar más ejercicios con los brazos; si se ha de entrenar la carrera, estimular las piernas; si se es jugador de basquetbol, calentar brazos y piernas y realizar tiros libres hacia la canasta, etc.

Es conveniente aclarar que tanto para el entrenamiento como para la competencia, la forma como se realice el calentamiento es determinante para el rendimiento posterior, por lo tanto, si después de la sección del calentamiento el deportista percibe que su organismo aún no está en excelentes condiciones para el trabajo, debe repetir algunos ejercicios especiales hasta que se sienta apto para realizar la tarea.

La importancia del calentamiento

Hasta hace poco tiempo el valor o importancia del calentamiento había sido analizado en forma seria, ya que la mayoría de los entrenadores y atletas prefieren la práctica. Sin embargo, en los años recientes se ha observado gran interés científico sobre este aspecto, con el fin de determinar:

1.   Su importancia en el atletismo.
2.   Su naturaleza fisiológica.
3.   La eficiencia de los procedimientos.

A continuación se describen algunos principios sobre los cuales los entrenadores, profesores de educación física y atletas pueden orientar sus actividades profesionales en este aspecto.

Los efectos positivos del calentamiento

Existe una gran confusión con respecto a los efectos del calentamiento para mejorar una habilidad, ya que frecuentemente se les confunde con el entrenamiento.

Es indudable que la habilidad y exactitud son determinantes en la práctica deportiva, que la práctica desarrolla mejoras en el desempeño y que el calentamiento influye considerablemente en el perfeccionamiento de las habilidades y destrezas.

La fisiología del calentamiento

El calentamiento da como resultado el aumento de la temperatura corporal en general, mejorando el desempeño a través del siguiente mecanismo:

1. Aumento en la velocidad de contracción y relajación muscular.
2. Mayor eficiencia, dada la disminución de resistencia viscosa de los músculos.
3. La hemoglobina provee más oxígeno a mayores temperaturas, y por lo tanto se disocia con mayor rapidez.
4. La mioglobina muestra efectos de temperatura similares a los de la hemoglobina.
5. Los procesos metabólicos, (ATP, CP) incrementan sus valores con el aumento de la temperatura.
6. La disminución de la resistencia de la red vascular puede obtenerse con el aumento de la temperatura.

Las formas de calentamiento

1. Calentamiento general
2. Calentamiento local (específico)

El calentamiento general

Esta forma de calentamiento puede ser adquirida activamente por medio de ejercicio vigoroso de diferentes tipos, o pasivamente por medio de baños calientes, regaderazos calientes, baños turcos o diatermia.

Antes de iniciar el calentamiento se deben movilizar las articulaciones, empezando por las rodillas en círculo (A y B), los tobillos (C), la rodilla y tobillo (D) y la rodilla, cadera, hombros y codos durante 5 minutos; para luego iniciar el trote que estimule el sistema cardiopulmonar, con una distancia de 1600-2000 m (tiempo 10-12 minutos).

Las repeticiones en cada movimiento deben ser de 10-12 y en forma progresiva para que tenga efecto de calentamiento.

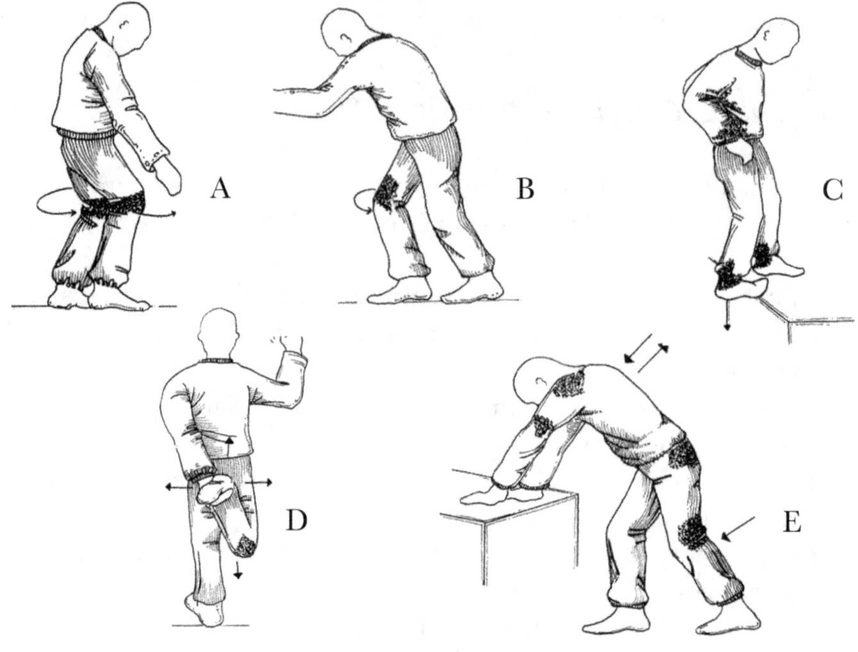

Ejercicios de calentamiento general, para alumnos o atletas mayores de 10 años.

Ejercicios de calentamiento para la región del cuello. Los deportistas mayores de 10 años, realizarán de 10-12 repeticiones. Los niños menores de 10 años realizarán de 6-8 repeticiones, ya que ellos tienen menor masa muscular.

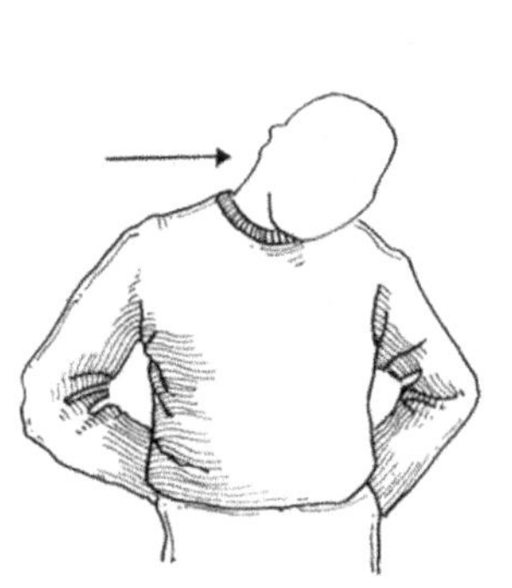

*Flexión
izquierda*

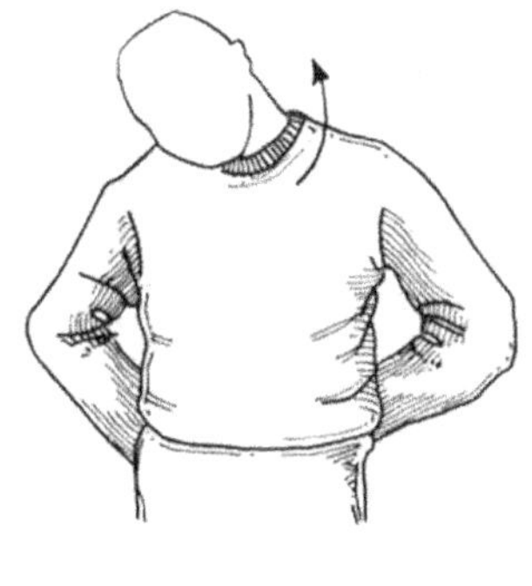

*Círculos
hacia la izquierda*

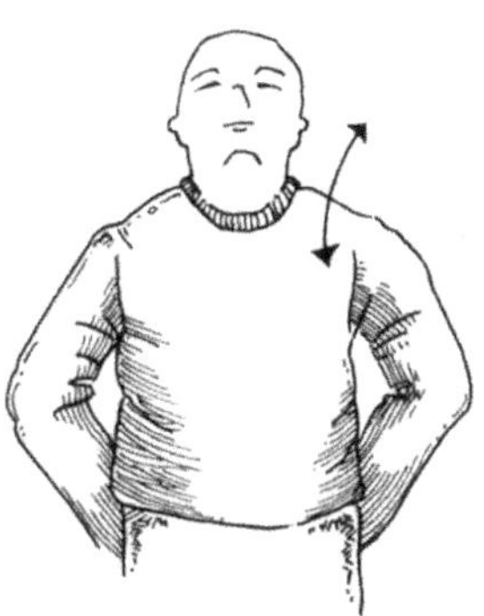

*Flexión del cuello
hacia atrás*

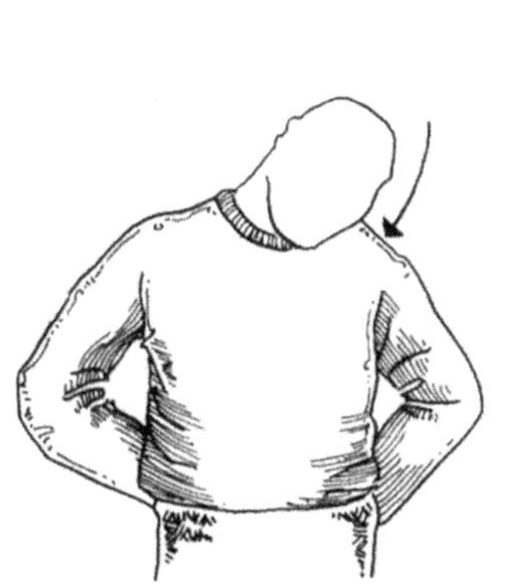

*Círculos hacia
la derecha*

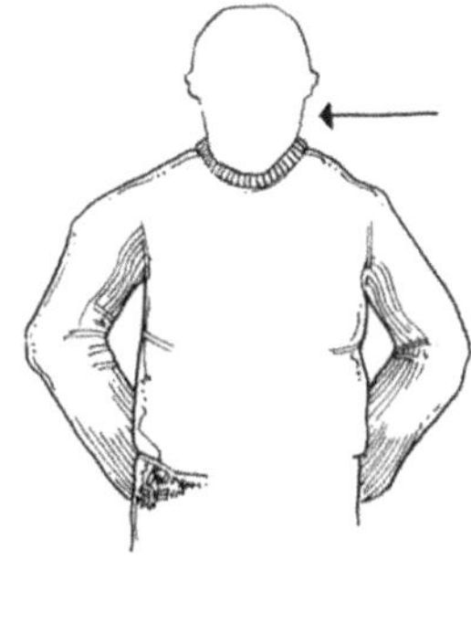

*Flexión
al frente*

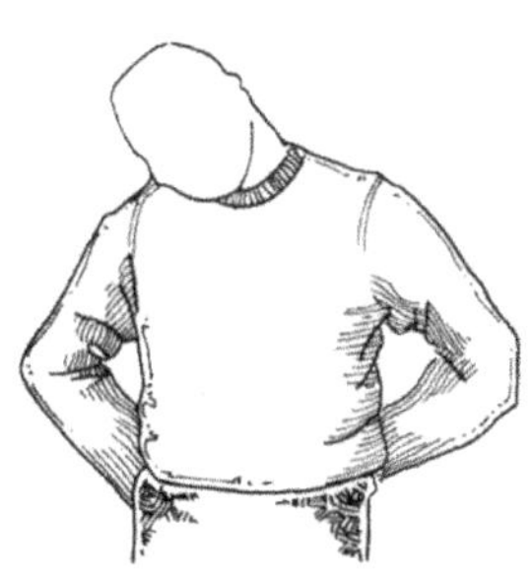

*Flexión
lateral derecha*

*Ejercicios de calentamiento para los grupos musculares del tronco,
con 10-12 repeticiones y 6-8 según la edad.*

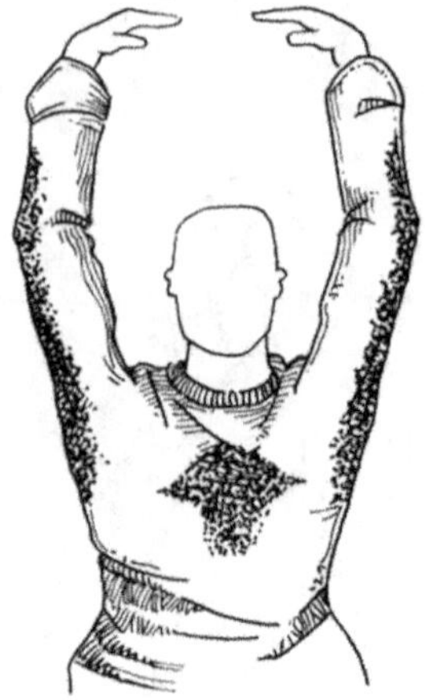

A

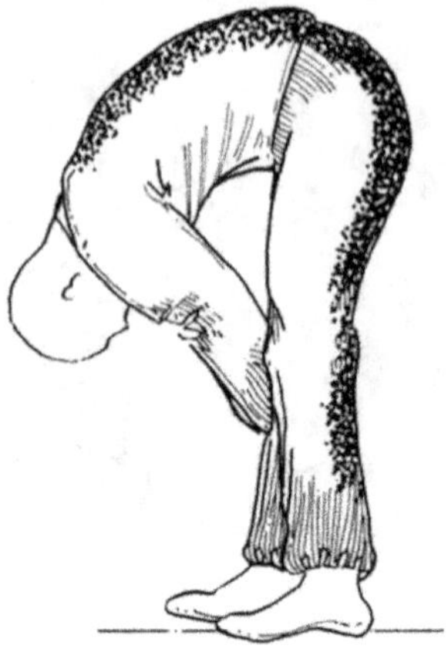

B

C

D

E

*Ejercicios de calentamiento para los grupos musculares de los flexores
y abductores de las piernas principalmente.*

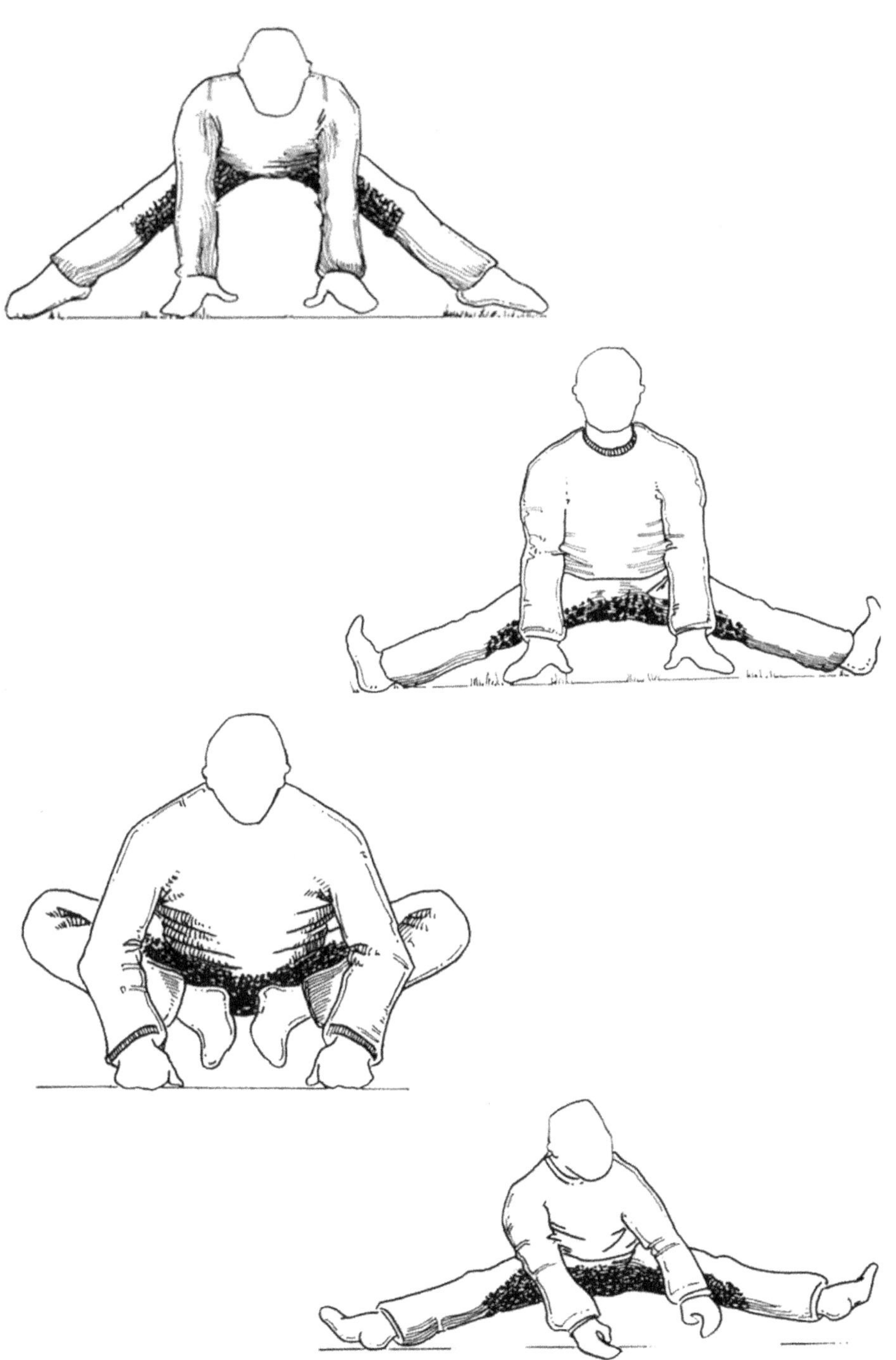

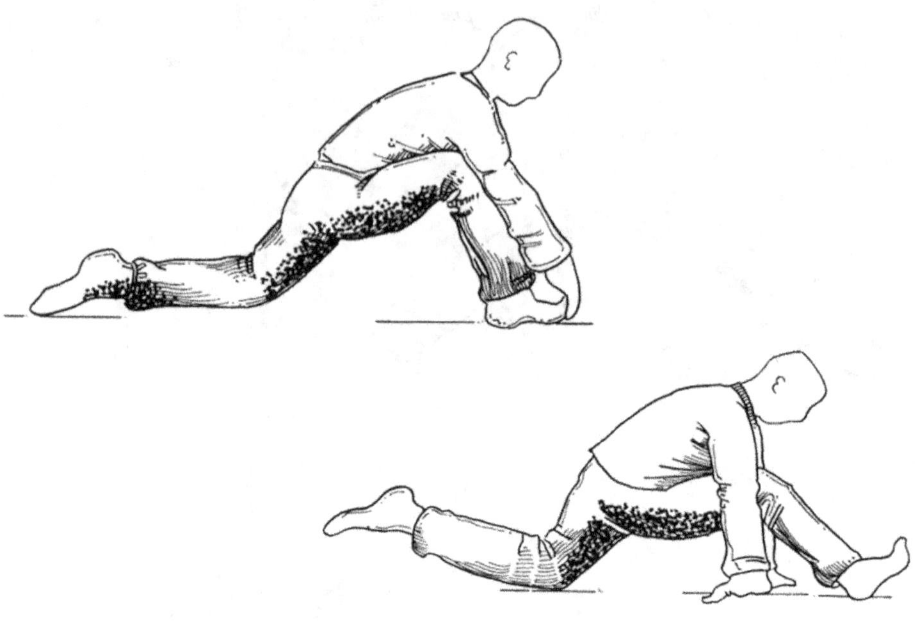

Grupo de ejercicios para los extensores y flexores de las piernas.

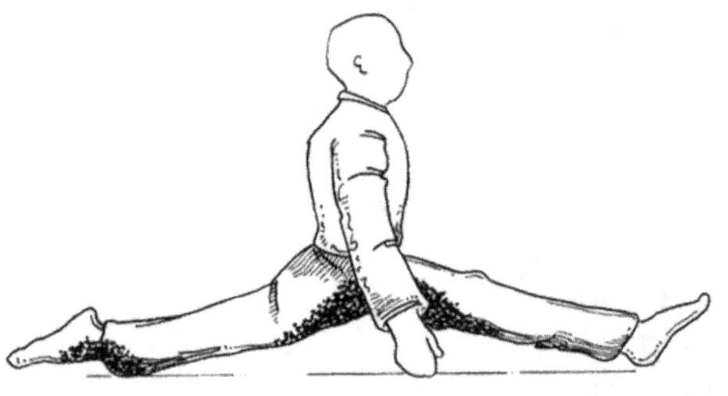

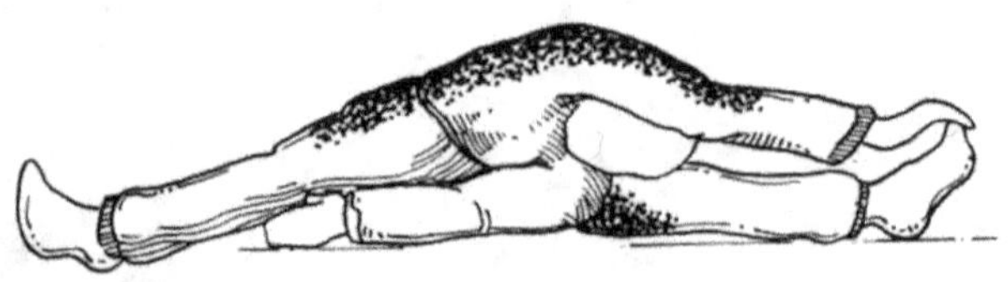

Ejercicios para los grupos musculares de la espalda y la cadera.

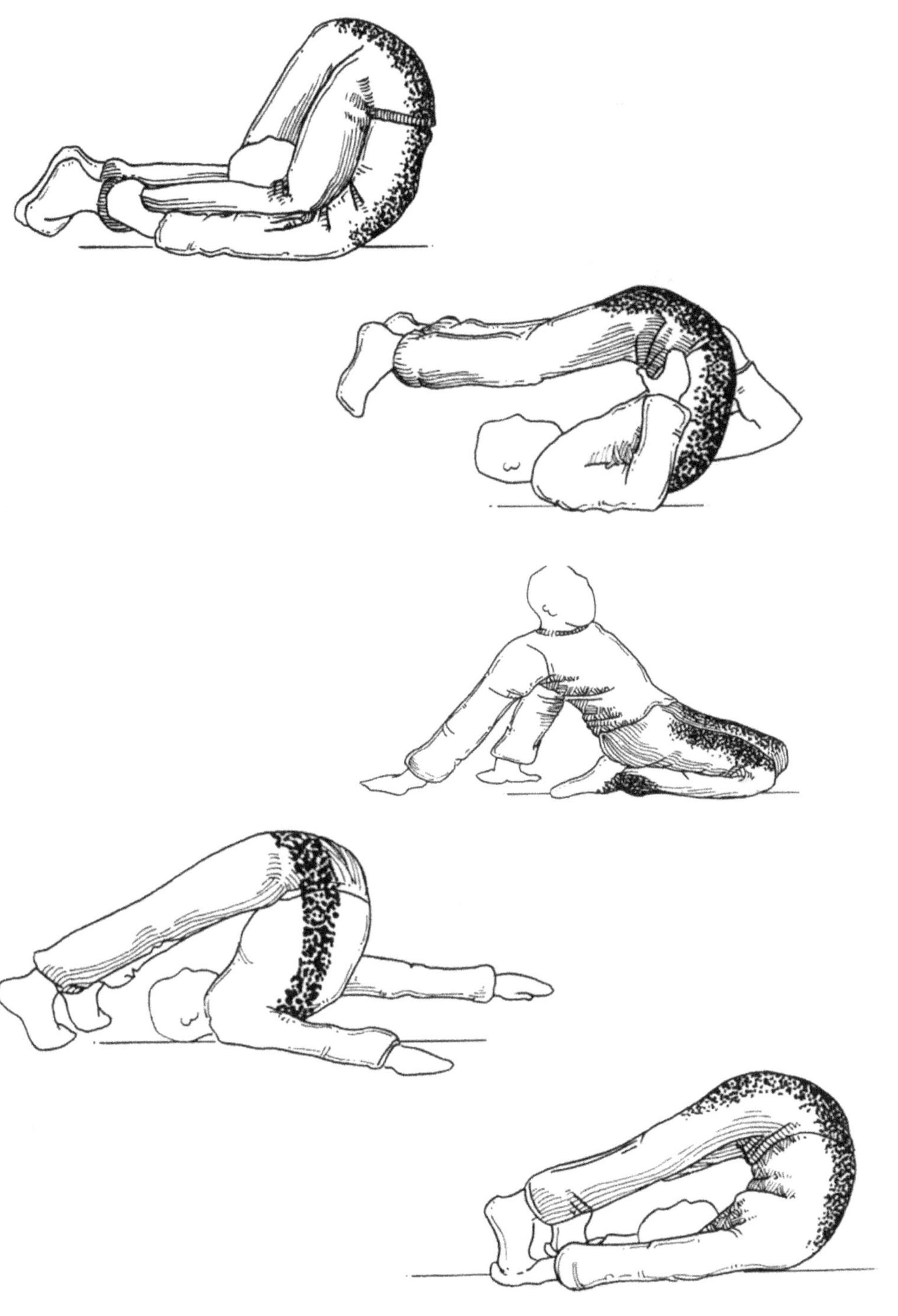

En el calentamiento de las piernas, cadera, tronco y para casi todos los grupos musculares del cuerpo, los ejercicios deben ser con 10-12 repeticiones para atletas mayores de 10 años, y de 6-8 repeticiones para atletas menores de 10 años.

El tiempo empleado en el calentamiento dependerá de la temperatura ambiental.

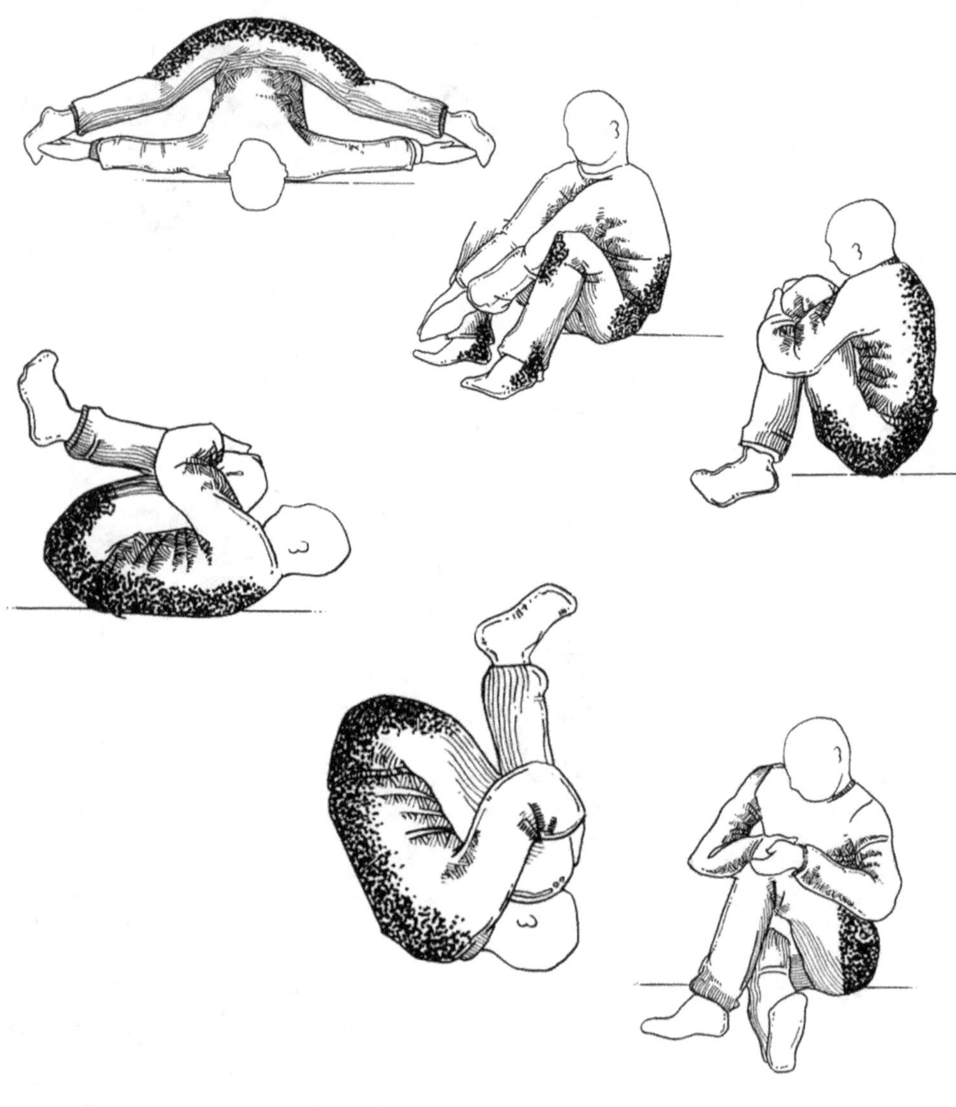

El calentamiento local (específico)

Sobre el calentamiento local sólo de determinado miembro se han encontrado resultados positivos en cuanto a evitar la fatiga prematura.

También se ha demostrado que con el calentamiento local el factor de mayor importancia es la distribución de la sangre entre la piel y los músculos, en los casos en que ambos sean irrigados por la misma arteria.

Los ejercicios de calentamiento local para los brazos se realizan de una manera más rápida y con 8-10 repeticiones, inclusive algunos ejercicios se seleccionan de acuerdo al deporte o prueba que se practique.

Ejercicios de calentamiento para brazos

Ejercicios de calentamiento para los grupos musculares de brazos y piernas.

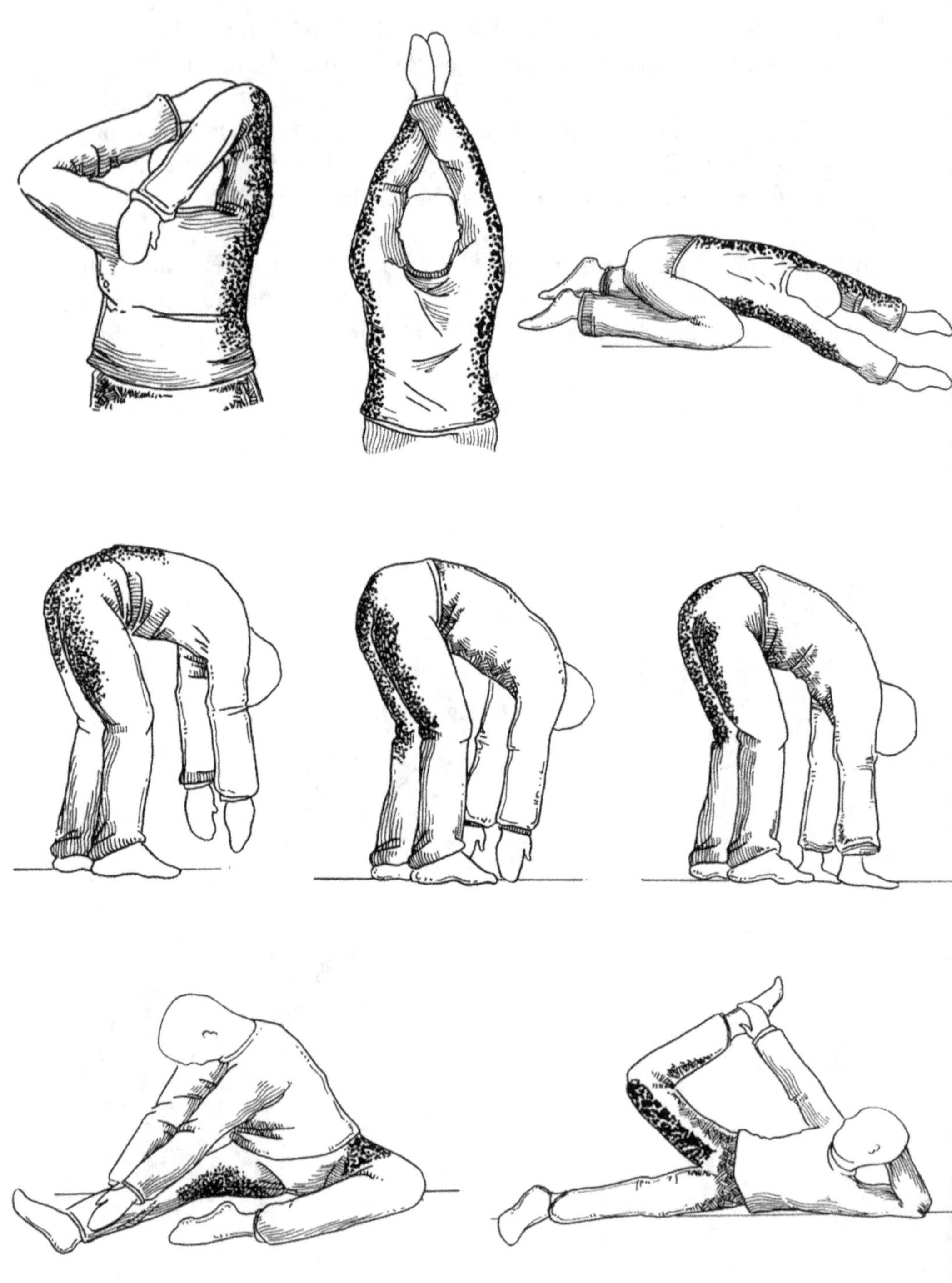

Los ejercicios de calentamiento local o específico para las piernas se seleccionan de acuerdo al deporte o prueba que se practique.

Ejercicios de calentamiento para piernas

Los efectos negativos del calentamiento

Los efectos negativos del calentamiento se manifiestan por medio de la vasoconstricción que se observa en la piel, con el consecuente daño para los músculos que se encuentran debajo de esta, lo que a su vez origina menor rendimiento.

Por otra parte, el calentamiento general debe producir todos los efectos benéficos mencionados, razón por la cual se recomienda usar ropa deportiva durante el calentamiento (sudadera), para evitar efectos negativos traducidos en lesiones, contracturas, desgarres, etc. Primeramente se debe realizar el calentamiento general y después el local.

Capítulo 3

El entrenamiento deportivo

√ Los objetivos del entrenamiento
√ Los medios del entrenamiento
√ Los ejercicios corporales
√ Las cargas de entrenamiento
√ Los diferentes tipos de carga
√ Los métodos de carga universales
√ La duración y densidad de la carga
√ La intensidad y el volumen de la carga
√ La dosificación de la carga
√ La carga y el descanso
√ La carga total
√ El sobreentrenamiento
√ El entrenamiento psicológico

Los objetivos del entrenamiento

Con el entrenamiento deportivo se pretende desarrollar las habilidades necesarias para la ejecución de los movimientos deportivos con el mayor grado de eficiencia posible, de acuerdo con la capacidad del deportista.

También, por medio del entrenamiento se busca formar individuos mentalmente sanos, con el fin de que funcionen adecuadamente en la sociedad o grupo social donde se desenvuelva.

Otro objetivo importante del entrenamiento es procurar el desarrollo y perfeccionamiento de la técnica específica para cada deporte o prueba, así como el entrenamiento táctico y la formación moral y ética del deportista.

Los medios del entrenamiento

Como medio de entrenamiento se considera todo aquello que pueda ser utilizado con determinados métodos para alcanzar las metas en el deporte. Los medios más utilizados son los *ejercicios corporales* (EC), porque sólo a través del movimiento se puede aumentar la capacidad de rendimiento del organismo.

Otro medio importante es la higiene del cuerpo, ya que éste sólo puede tener un buen rendimiento cuando no está enfermo o débil, razón por la cual se ceben observar ciertas medidas o reglas de higiene.

Los ejercicios corporales

Los *ejercicios corporales* (EC) son diversos. En primer lugar se sitúan los *ejercicios de competencia* (EC) que sirven para el desarrollo de los músculos necesarios para la realización de los movimientos deportivos. Los ejercicios de competencia son iguales a los del evento o prueba.

También existen los *ejercicios especiales* (EE), que deben corresponder al movimiento de los ejercicios de competencia y sirven para el desarrollo de los grupos musculares que intervienen en el evento o prueba.

Los *ejercicios generales* (EG) sirven para el desarrollo general y multilateral del organismo. Estos ejercicios tienen gran importancia para los deportistas principiantes (niños y adolescentes) y deben utilizarse en todos los deportes para estimular el desarrollo de los diferentes componentes de las capacidades físicas.

Al escalar una montaña debemos soportar cada vez mayores cargas de esfuerzo; lo mismo sucede durante el entrenamiento.

Quien aspire a destacarse en el deporte de alto rendimiento, debe analizar muy detenidamente si está dispuesto a someterse a las exigencias del entrenamiento, porque en la actualidad este aspecto se compara con una jornada laboral.

Sólo con voluntad, firmeza y constancia, se pueden ir escalando las diferentes etapas del entrenamiento hasta alcanzar nuestro objetivo: ¡*La Cúspide*!

Ejemplo de un semestre de entrenamiento para resistencia de enero a junio

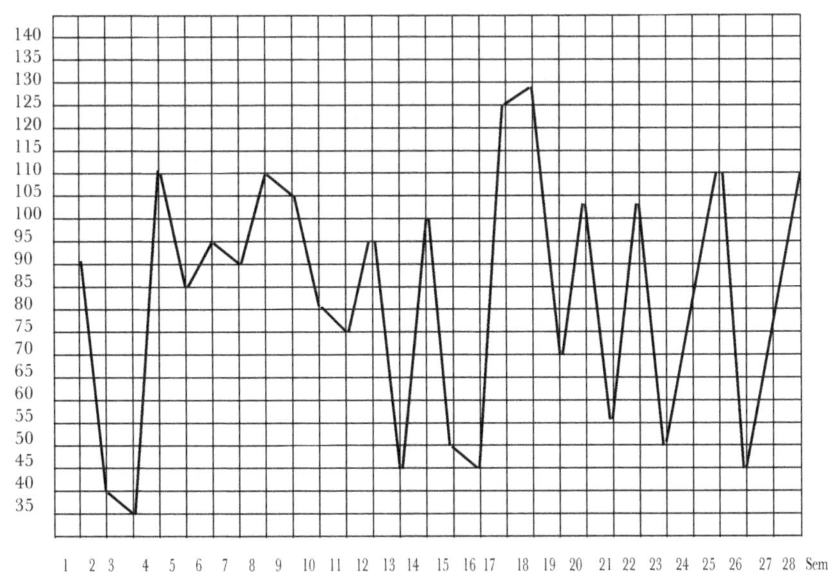

La columna izquierda corresponde al kilometraje desarrollado semanalmente, y la parte inferior corresponde a las semanas de entrenamiento.

Durante las semanas correspondientes a exámenes en la escuela y a las competencias disminuye el volumen del kilometraje, y en las vacaciones (semanas 17-18) y días festivos (semanas 4-8 y 24) se incrementa.

Las cargas de entrenamiento

El rendimiento deportivo está estrechamente relacionado con los esfuerzos realizados durante el entrenamiento, es decir, es el resultado de las cargas aplicadas durante el mismo, ya que el organismo humano tiene la capacidad biológica para adaptarse a exigencias de esfuerzo cada vez mayores, a condición que éstas sean aplicadas observando ciertos principios.

Así, por ejemplo, cuando una persona se inicia en la práctica de determinada actividad física a la cual su organismo no está acostumbrado, éste reacciona manifestando los efectos que el esfuerzo le produce al principio, mismos que van disminuyendo poco a poco hasta el punto en que más que molestias le produce cierto placer la práctica de dicha actividad o esfuerzo, siendo éste el momento propicio para incrementar las exigencias de esfuerzo, y así sucesivamente hasta alcanzar el límite propio de cada individuo, que es diferente a la máxima capacidad del ser humano, la cual se refiere al máximo rendimiento físico alcanzado por un individuo de la especie humana.

Desde el punto de vista biológico el organismo asimila mejor las cargas de esfuerzo cada 4-6 semanas, constituyéndose este aspecto en el parámetro para establecer los tests o evaluaciones que se consideren necesarios para determinar las nuevas cargas.

En la medida en que el organismo vaya adquiriendo mayor capacidad de rendimiento mayor será el incremento de las cargas de esfuerzo consistentes en un mayor número de ejercicios realizados con mayor intensidad. Cuando menos se debe entrenar cuatro veces por semana.

Los tipos de carga que se pueden aplicar son: los ejercicios con pesas, las carreras de velocidad y de resistencia, las carreras de fondo y medio fondo, los ejercicios para el entrenamiento de la flexibilidad, la coordinación, la técnica deportiva y, por supuesto, la conducta psicológica del deportista (carga psicológica).

La clave para el éxito en el entrenamiento

La carga de entrenamiento más adecuada es aquella con la que el organismo se adapta y aumenta su rendimiento. El corazón aumenta de tamaño y acepta mayor esfuerzo; los músculos aumentan su volumen y se fortalecen, etc.

El estado de entrenamiento puede mejorarse constantemente con nuevas y mayores cargas de esfuerzo como estímulo, que viene a ser como dicen los biólogos: "Es el efecto del entrenamiento en el organismo".

Por medio de la adaptación del organismo se incrementa la capacidad de rendimiento del deportista, de ahí que la carga de entrenamiento deba aplicarse en forma escalonada.

La pereza y la irregularidad no aumentan el rendimiento. Sólo quien entre en forma constante durante todo el año, adquiere un nivel permanente de rendimiento.

Se recomienda programar diariamente el entrenamiento, las tareas de la escuela y otras actividades.

Quien quiera llegar al deporte de alto rendimiento debe entrenar por lo menos cuatro veces por semana.

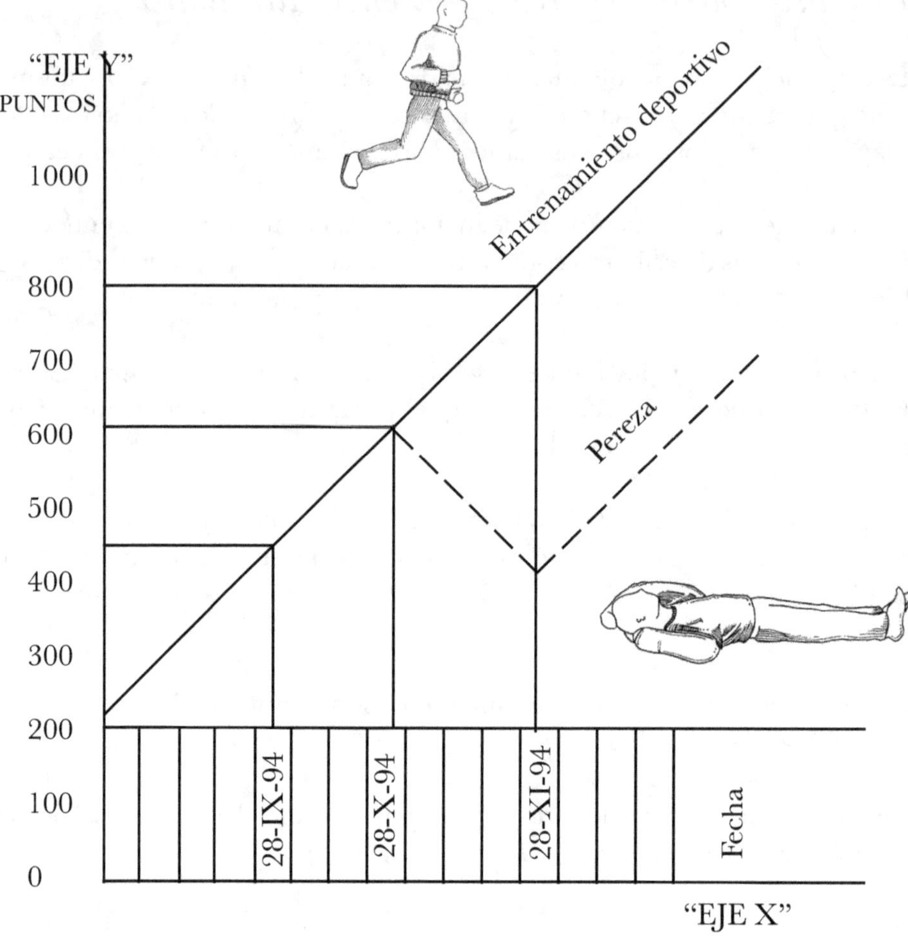

Recomendaciones:

1. Entrenar regularmente.
2. Entrenar durante todo el año.
3. Aumentar la carga de entrenamiento en forma escalonada.
4. Entrenar varias veces durante la semana.

Los diferentes tipos de carga

1. Pesas (Kg)
2. Velocidad (tiempo)
3. Resistencia (Km)

4.   Flexibilidad – movilidad (cm, grado)
5.   Técnica (m, Kg, seg., puntos)
6.   Táctica (puntos, cm., seg., Kg)
7.   Situación psicológica (estado emocional)

Obsérvese que el entrenamiento, después de 3-4 semanas, es más fácil.

Se recomienda anotar las actividades del programa de entrenamiento durante cuatro semanas y practicar cuando menos dos veces por semana con la misma carga de trabajo. Cada vez que se concluya el entrenamiento tómese el número de pulsaciones para medir el grado de esfuerzo realizado y la capacidad de resistencia alcanzada.

Tómese el número de pulsaciones en la arteria carótida localizada en el cuello, o en la arteria radial sobre la muñeca. Consúltese una tabla donde se puedan comparar los valores de la frecuencia cardíaca. Márquese con un punto rojo la frecuencia de las pulsaciones; después, únanse los puntos que formarán una curva para señalar el aprovechamiento de la carga.

Los métodos de carga universales

La carga de entrenamiento se puede aplicar por medio de varios métodos que pueden resumirse en tres: método de duración, métodos de repeticiones y método de intervalos.

El método de duración se puede observar en el ciclismo de ruta, en la natación y en las carreras de fondo y medio fondo.

El método de repeticiones consiste en que la duración de los esfuerzos (cargas) es más corta, pues se usan distancias de menos de 500 m. La pausa entre cada esfuerzo (densidad de la carga) en el método de repeticiones, es más larga que para el método de intervalos.

El método de intervalo comprende varios esfuerzos, recorriendo distancias en el agua, en bicicleta; carreras largas (desde 100 hasta 1.000 m).

La duración y densidad de la carga

Algunos deportistas realizan sus entrenamientos sin pausa, por ejemplo en atletismo en la carrera continua; en ciclismo de ruta y en natación; por lo general en los deportes de resistencia.

Otros deportistas repiten los ejercicios de la pausa establecida; por ejemplo, 10 x 100 metros en natación, con pausa de tres minutos; 5 x 1.000 m en ciclismo, con pausa de tres minutos. En el método de repeticiones la carga puede aplicarse con diferente duración, como 50 metros, 100 metros, 150 metros, 100 metros y 50 metros.

En el método de duración se aplica una carga con período de duración; en el método de intervalo se aplican muchos esfuerzos cortos y en el método de repeticiones se aplican esfuerzos más cortos.

La pausa entre cada esfuerzo (densidad de la carga) en el método de intervalo es más corta que para el método de repeticiones. Por ejemplo: intervalo de 10x100 metros, pausa de 45 segundos con intensidad de 60 a 70%; en el método de repeticiones de 5x100 metros, con pausa de 6 a 8 minutos y con intensidad de 95%.

La intensidad y el volumen de la carga

Dos jovencitos probaron quien de los dos llegaba primero a un pequeño lago situado a 500 metros. Uno de ellos salió a toda velocidad y a los pocos segundos de correr al máximo ya no podía continuar, su intensidad había sido muy alta; el otro jovencito corrió a un 75 − 90% de su máxima capacidad (con menor intensidad) y llegó a la meta.

En los deportes de conjunto sucedería lo mismo, si se jugara al máximo los primero minutos después ya no podríamos continuar.

En la prueba de 100 metros en natación se debe nadar la primera parte en un tiempo que permita terminar bien los siguientes 50 metros.

La dosificación de la carga

La carga de entrenamiento se alcanza en el momento en que la distancia se prolonga (aumento del volumen) y se reduce el tiempo de recorrido en la distancia; también cuando se realizan ejercicios con más rapidez o cuando se aumentan los ejercicios en la misma unidad de tiempo. Naturalmente que se pueden aumentar el tiempo, la intensidad y el volumen de entrenamiento, dependiendo de la meta por alcanzar.

La velocidad (intensidad): Para desarrollar la velocidad en 100 metros planos en atletismo, o en 50 metros de crawl en natación, se deben realizar las distancias con gran intensidad, en máximo y submáximo. Por supuesto que una carrera al máximo no es suficiente, a través de la repetición (más ejercicios y series) se alcanza un gran volumen de entrenamiento.

Para el desarrollo de las cualidades condicionales (fuerza, resistencia, velocidad, flexibilidad – movilidad) se debe utilizar el método de entrenamiento más correcto y la intensidad más adecuada, pues el entrenamiento con gran intensidad no siempre nos lleva al éxito.

Compárese en la gráfica de la página (48) los tres métodos y selecciónese el más adecuado, que debe ser el método con el cual se entrena más intenso y con las pausas de recuperación adecuadas. Fórmense frases con las palabras frecuencia, duración, intensidad, volumen y explíquense cada una de ellas; se sabrá por qué se pueden relacionar éstas palabras con el entrenamiento.

Observaciones:

1. La resistencia se desarrolla mejor con intensidades media y baja.
2. Las cargas con submáxima intensidad hasta cargas al máximo, desarrollan principalmente la fuerza y la velocidad.
3. Para alcanzar la base ideal en el entrenamiento el volumen debe ser mayor que la intensidad; es decir, la intensidad media o baja.

Los métodos de entrenamiento

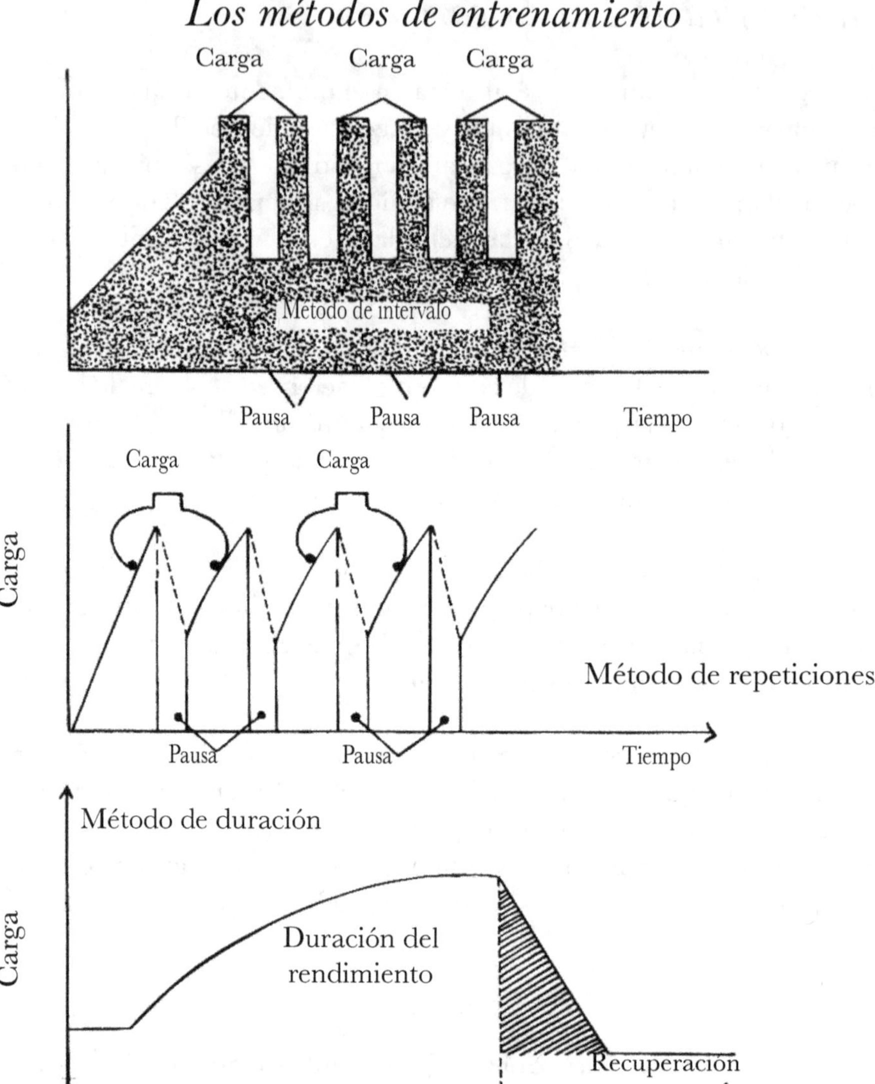

Intensidad y volumen de la carga

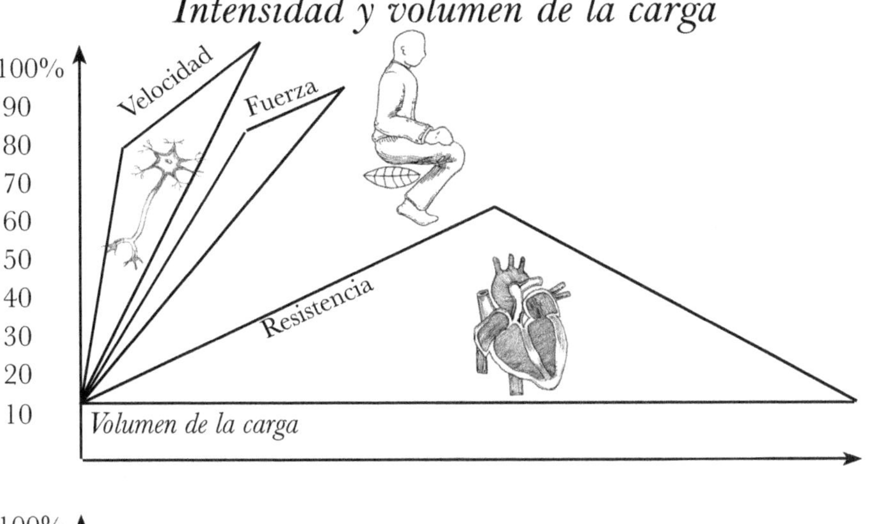

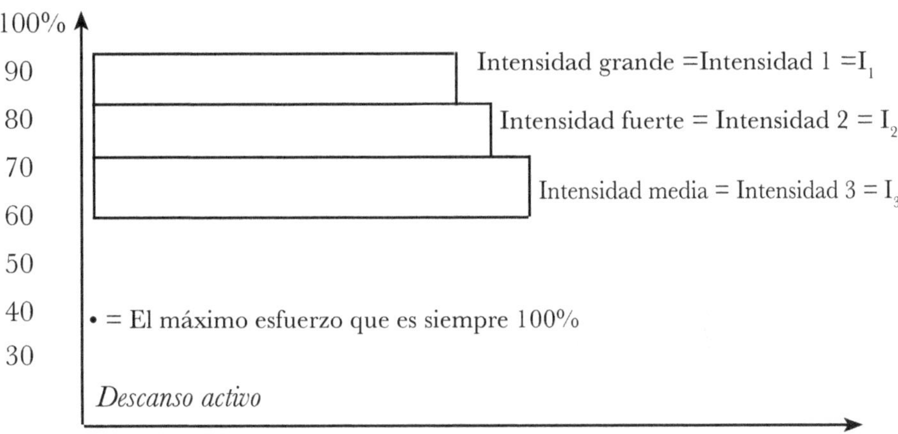

Tipo de fuerza	*gimnasia artística*	*cross y medio fondo*	*juegos*	*levant. pesas*	*carreras de velocidad*	*canotaje*	*longitud*	*bala*	*800m.*
Fuerza rápida (f.v)	*1*	*2*	*1*	*2*	*1*	*2*	*1*	*2*	*1*
Fuerza máxima	*5*	*4*	*5*	*1*	*3*	*3*	*2*	*1*	*3*
Fuerza de resistencia	*2*	*1*	*2*	*3*	*2*	*1*	*2*	*3*	*2*
Fuerza relativa	*4*	*3*	*4*	*2*	*4*	*4*	*4*	*5*	*5*
Fuerza explosiva	*3*	*5*	*3*	*3*	*2*	*5*	*5*	*4*	*4*
Fuerza específica	*1*	*1*	*1*	*1*	*1*	*1*	*1*	*1*	*1*

La carga y el descanso

La carga de esfuerzo es el estímulo del entrenamiento que produce un efecto específico.

Por otra parte, la carga y el descanso (pausa) están relacionados mutuamente. La carga con gran intensidad y poca pausa o sin pausa, sobre entrena (atrofiamiento).

Gráfica para el manejo de la carga de entrenamiento

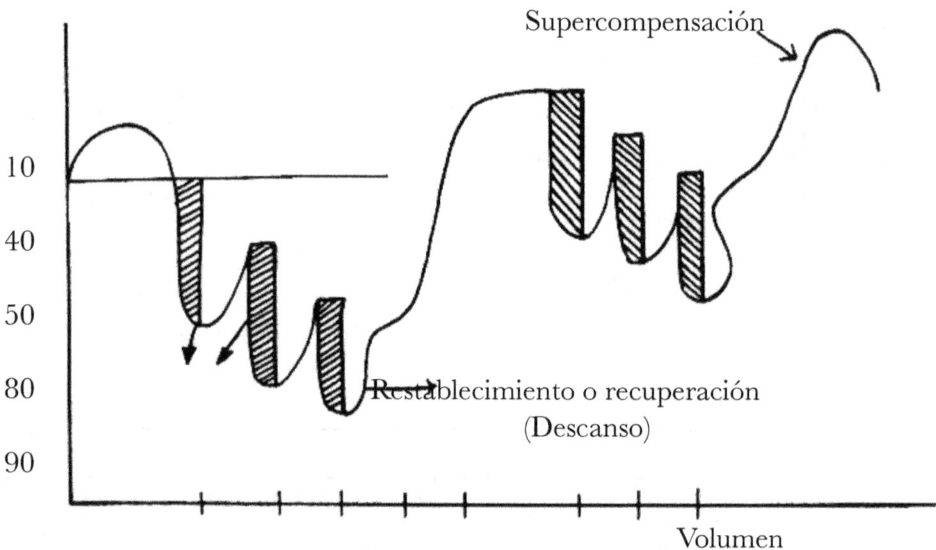

Observaciones:

1. En el método de repeticiones las pausas de recuperación son completas; mucho descanso es lo más indicado.

2. En el método de intervalo, después de una carga y cuando la recuperación es incompleta, el organismo recibe la nueva carga.

Las cargas de entrenamiento

Gráfica para el manejo de las cargas de entrenamiento

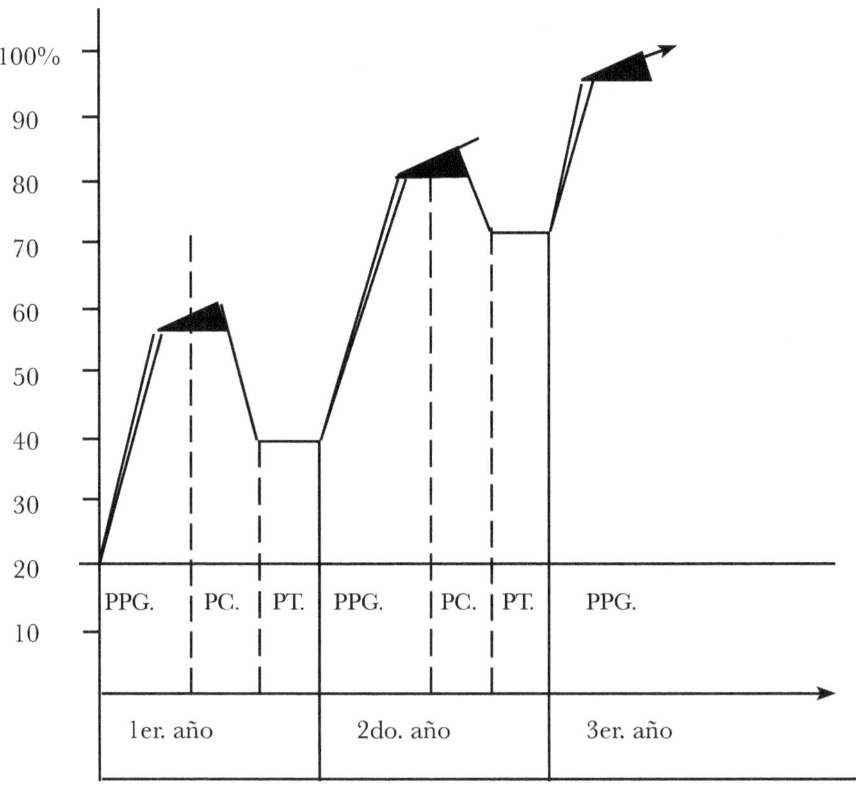

La carga total

¿Cómo debe ser la carga total?

Existe una respuesta: prueba cuánto esfuerzo puedes realizar durante el entrenamiento sin entrenar hasta el completo agotamiento. Entrena tranquilamente, sin que el entrenamiento te produzca efectos como vómito o dolor de cabeza.

El sobreentrenamiento

Después de cada entrenamiento el organismo del deportista se recupera en forma paulatina aumentando su capacidad de rendimiento, aunque esto puede ser sólo una vez y que de repente baje la capacidad de rendimiento y la pausa o recuperación se acorten, lo que hace posible un daño, una enfermedad o un sobreentrenamiento.

Por eso es necesario consultar de inmediato a un médico deportivo, porque él no sólo cura lesiones y enfermedades, sino que colabora con el entrenador, sobre todo para evitar el sobreentrenamiento.

El sobreentrenamiento puede ser consecuencia de una carga demasiado intensa, o quizás sea la clase de vida que se lleva. Algunos síntomas como dormir poco, falta de apetito, no terminar el entrenamiento, pérdida de peso corporal, etc. Podrían ser síntomas del sobreentrenamiento.

Frecuentemente se cometen errores durante el entrenamiento, con poca pausa de recuperación, gran aumento de la carga, realizar el mismo entrenamiento hasta casi el completo agotamiento (ver gráfica en página 58).

Una posibilidad en porcentajes de la condición, la técnica y la táctica en un año

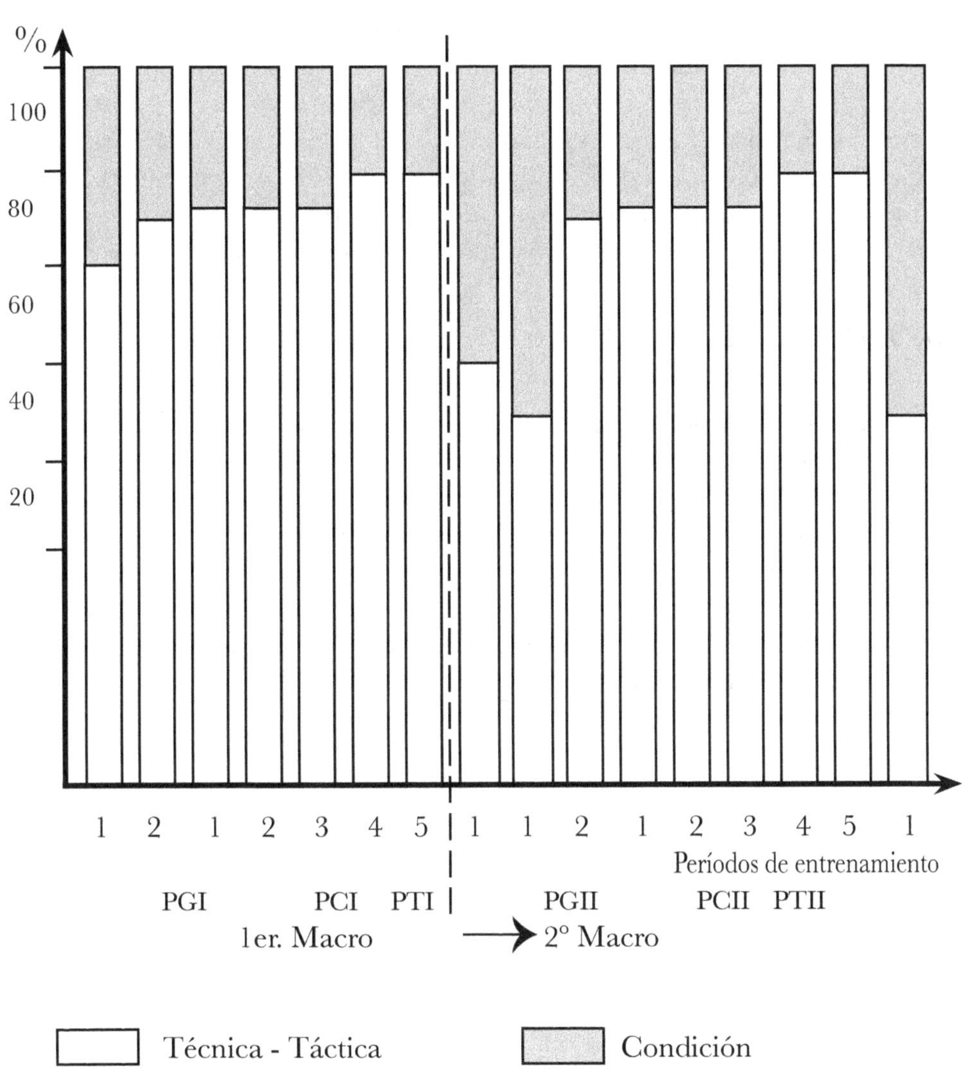

El entrenamiento psicológico

El deporte de alto rendimiento tiene dentro de sus exigencias las cargas psicológicas que debe asimilar el organismo del deportista durante el proceso de entrenamiento, apoyado con auxilios materiales y convencimientos que ayuden a evitar la pérdida de la motivación y el interés por el deporte.

El entrenamiento psicológico es, también, una forma de ayuda para la recuperación después de haber dosificado la carga de entrenamiento. Con este propósito se han utilizado varios métodos de entrenamiento psicológico, como complemento de los métodos tradicionales de entrenamiento.

Los métodos del entrenamiento psicológico

a)   Métodos psicológicos para facilitar la recuperación y para aumentar la capacidad de rendimiento,

b)   Métodos psicológicos para mejorar el proceso de aprendizaje de la técnica deportiva y

c)   Métodos psicológicos para desinhibir los factores que dificultan el máximo rendimiento.

El entrenamiento autógeno

Consiste en una serie de técnicas para contrarrestar el estrés por medio de un estado de relajación y reposo, lo cual se fortalece con un entrenamiento continuo que permita al organismo asimilar mejor las cargas que se le van presentando.

Este método se ha venido utilizando desde los años 50, por lo que es ampliamente conocido, aunque a nuestro juicio existen otros métodos más efectivos.

El entrenamiento mental

Las condiciones internas del entrenamiento mental dependen de los estímulos que reciba el deportista, y de la capacidad de percepción que tenga. A continuación mencionamos las ventajas del entrenamiento mental:

1. El entrenamiento mental acorta el tiempo de aprendizaje de la técnica.
2. El ejercicio mental, al reproducir la realización del movimiento en la mente, aumenta la estabilidad del mismo convirtiéndolo en una habilidad.
3. El entrenamiento mental aumenta la precisión, y con ello el movimiento se puede realizar a una velocidad mayor.
4. El entrenamiento mental permite en forma relativa elevar el número y la frecuencia de las repeticiones con calidad en la unidad de tiempo, ahorrando energía.
5. El entrenamiento mental permite mejorar la calidad y precisión del movimiento.
6. El entrenamiento mental es importante en la repetición del movimiento cuando se está lesionado o en rehabilitación.
7. El entrenamiento mental se puede emplear en la estimulación, antes y durante la competencia.
8. El entrenamiento mental ayuda también a acortar el tiempo de calentamiento, ahorrando con ellos energías. Inclusive se adopta una mayor disposición para el entrenamiento.
9. El entrenamiento mental ayuda también a disminuir el riesgo de lesiones en los deportes de combate.
10. El entrenamiento mental también ayuda a reducir las lesiones en los deportes de arte o técnica, en donde éstas aumentan por el miedo; además, la imagen del movimiento (imagen en el cerebro) no se fija ni se reconoce el movimiento con claridad.
11. El entrenamiento mental sirve también para corregir los errores aprendidos en el aspecto técnico, cuando las imágenes del movimiento con programas viejos deben borrarse.

Las limitaciones del entrenamiento mental

La forma que más se utiliza para el entrenamiento mental es la reproducción de la imagen del movimiento en la mente.

1. El efecto del entrenamiento mental depende de la experiencia y conocimiento que se tenga del movimiento, y también del conocimiento preciso que se tenga del mismo. Se puede usar a partir de los 12 años de edad.
2. El entrenamiento mental no es igual para todos los deportes, ya que la exigencia técnica es muy especial en cada uno de ellos.
3. Debido al alto grado de cansancio que produce el entrenamiento mental, se usan para este fin, sólo de 2-3 min. en la unidad de entrenamiento.
4. El entrenamiento mental no comprende el movimiento de los músculos propiamente, ni tampoco su control, sino el proceso de reinformación; incluso si el movimiento se realiza correctamente.

El entrenamiento por observación

En el entrenamiento por observación se utilizan principalmente videos, películas, secuencias fílmicas o fotográficas, dibujos, etc.

El entrenamiento por observación implica la observación planificada, repetida y ordenada de un ejercicio ejecutado por otras personas. La importancia del entrenamiento por observación radica principalmente en el apoyo del proceso de aprendizaje motor (fase ideomotora, gruesa y fina).

En la etapa de iniciación de todo deportista es de gran importancia la imagen (idea) del movimiento; en los deportistas avanzados sirve para perfeccionar o para fijar la imagen del movimiento (fase ideomotora).

El analizador óptico (la vista) sólo en las primeras fases del aprendizaje motor juega un papel importante, ya que en la medida en que aumenta el nivel de aprendizaje de las informaciones visuales van perdiendo importancia, de ahí que en el entrenamiento por observación, especialmente en el inicio del proceso de aprendizaje éste aspecto desempeñe un papel muy importante.

La observación del entrenamiento tiene especial importancia en los niños cuando su fase de aprendizaje motor es muy alta (entre los 9-11 años).

El estímulo es más fuerte en el entrenamiento por observación que en el entrenamiento mental.

Principios metodológicos del entrenamiento por observación

1. *La demostración.* La demostración debe corresponder con la técnica correcta del movimiento a enseñar o aprender.
    -   La demostración debe ser de acuerdo al nivel de realización del movimiento por parte de los alumnos.
    -   La demostración, al principio, se repite varias veces de manera que la observación por parte del alumno pueda ser con más detalle, analizando cada una de las partes del cuerpo (demostración analizada).

2. *La información.* Debe corresponder al momento en que se realiza un movimiento rápido. Según las exigencias del movimiento podrá acortarse o alargarse el tiempo de su realización.

3. *Los movimientos.* Los movimientos de cada una de las partes del cuerpo pueden ser mejor observados cuando se exagera el movimiento.

4. *El lugar.* El lugar en que el alumno esté situado determina el trabajo de las partes del cuerpo en el movimiento total (distancia entre quien demuestre y el alumno), según la visión óptica del plano del cuerpo durante la realización del movimiento. Por ello se debe observar cómo se va perdiendo la atención al realizar las diferentes tareas. Así mismo, las explicaciones se van haciendo pobres en su estructura cuando no se apoyan en la biomecánica del movimiento.

Cada demostración debe tener una información verbal, para que en la concepción del movimiento no se mal interprete la verdadera imagen del movimiento.

El entrenamiento verbal

Es un medio más del entrenamiento sin utilizar el ejercicio físico.

Definición: El entrenamiento verbal es un medio planificado, dirigido y repetido para que la comunicación verbal estimule las habilidades sensomotóricas del deportista:

a)   La comunicación con otras personas.
b)   La comunicación para la preparación y realización del movimiento.
c)   Hablar consigo mismo.

Estas posibilidades del entrenamiento verbal son utilizadas de acuerdo a la situación y capacidad del deportista. La tercera forma (c), significa imponerse o darse órdenes uno mismo que luego se comparan en la práctica.

Los principios metodológicos del entrenamiento verbal

En el entrenamiento verbal el lenguaje y la capacidad para percibir y concebir el ejercicio permiten un buen entendimiento entre quien enseña y quien aprende, de ahí la importancia de manejar el mismo vocabulario, pues una palabra o seña significa información dando así una rápida y clara comunicación.

La selección de la información verbal así como el nombre de las diferentes partes del cuerpo deben ser muy precisas, ya que el estado de formación y desarrollo del deportista y el grado de complejidad del ejercicio o movimiento influyen para que exista el entendimiento. Por ejemplo, algunas etapas similares del hombre de 0-14, 13-16, 16-19 y de 20 en adelante (proceso y desarrollo a largo plazo).

Al ir aumentando la capacidad para la realización de los ejercicios se va reduciendo el entrenamiento verbal, ya que la propia experiencia del movimiento aparece y ayuda a crear nuevos movimientos.

Juntos con los progresos en el ejercicio también se da un cambio en la forma de describirlo; en primera instancia es a gritos y luego en forma normal o callada, así la impotencia interna con respecto al ejercicio se va educando.

Los fundamentos y la realización del entrenamiento

La información verbal ocupa un lugar preponderante en los métodos que describen, aclara, explican y corrigen el movimiento; principalmente en el programa de aprendizaje que se busca dominar.
La descripción de las características del movimiento da como resultado una mejor comprensión del mismo por parte del alumno, razón por la cual se recomienda lo siguiente:

1. Describir y presentar con precisión el ejercicio por parte del maestro o entrenador (en primera instancia la información y los conceptos que precisa el contenido).

2. Creación de la imagen primaria (fase gruesa o tosca) de la técnica correspondiente al ejercicio con una precisión constante.

3. Formular en forma exacta las tareas concretas por parte del entrenador, quien exige en los momentos (fases del movimiento) de realización del ejercicio y decide la forma de realización del mismo.

4. Imaginar (concebir) el ejercicio a través de explicaciones verbales imponiéndose a sí mismo una orden (automandarse).

5. Repetir en forma exacta el ejercicio y la finalidad o tareas del mismo.

6. Los deportistas deben narrar lo que experimentan durante el ejercicio.

7. Realizar el ejercicio por orden propia (automandarse).

8. Evaluar el ejercicio realizado por el atleta.

9. El entrenador debe valorar la evaluación del deportista y formularse indicaciones precisas para corregir las fallas y errores; además le aplaude lo positivo y procura que la capacidad del atleta se mejore.

El efecto del entrenamiento verbal está estrechamente unido al entrenamiento mental. También el entrenamiento mental coincide en mucho con la electromiografía de los músculos.

Capítulo 4

Planificación, periodización y evaluación del entrenamiento deportivo

√ Bases y principios de la planificación del entrenamiento deportivo.
√ La periodización del entrenamiento deportivo.
√ Los factores de la periodización del entrenamiento deportivo.
√ El programa de entrenamiento deportivo.
√ La unidad de entrenamiento deportivo.
√ El programa olímpico de entrenamiento deportivo.
√ Cómo estructurar un programa olímpico de entrenamiento.

Bases y principios de la planificación del entrenamiento

Mediante la planificación del entrenamiento se establece una relación muy estrecha con el trabajo práctico (la realización del entrenamiento), ya sea que éste se realice en forma individual o colectiva; es decir, el entrenamiento conducido y administrado por un especialista o por un grupo de especialistas, en un lugar determinado y con fines o propósitos previamente establecidos.

Los contenidos de los planes y programas de entrenamiento. Son determinados por la concepción que se tenga del entrenamiento (ideas, imágenes y conocimientos), el lugar (medio ambiente), el grupo, los recursos económicos y las necesidades de entrenamiento de cada uno de los deportistas.

La concepción de entrenamiento. Es una orientación fundamental para establecer la dirección y realización del trabajo de entrenamiento, así como para determinar con claridad las metas y tareas por realizar, los caminos más viables y las posibles alternativas para alcanzar los propósitos del entrenamiento.

El lugar de entrenamiento (medio ambiente). Determina la línea de trabajo a realizar por un deportista o por un grupo de deportistas con nivel similar de preparación y rendimiento, y con las mismas metas o tareas por realizar, considerando el lugar geográfico. El lugar de entrenamiento ejerce una gran influencia en cada una de las etapas del proceso de preparación para el deporte de alto rendimiento, en forma muy particular en la etapa donde se inicia la especialización (etapa de perfeccionamiento), que por lo general se inicia 3-4 años antes de la etapa del máximo rendimiento del deportista (etapa de alto rendimiento).

La periodización del entrenamiento deportivo

La periodización del entrenamiento deportivo es uno de los aspectos más relevantes de la moderna teoría y práctica del deporte, y se refiere a las formas de cómo debe estructurarse el proceso de entrenamiento en grandes períodos de tiempo.

La división del proceso de entrenamiento deportivo en grandes períodos de tiempo es una cuestión que surgió (en forma simple) en los tiempos de la Grecia antigua, concretamente en la época de las Olimpíadas de la antigüedad, donde los aspirantes a participar en estas competencias debían someterse a una preparación muy estricta por lo menos diez meses antes del evento, para luego ser sometidos a práctica y competencias muy rigurosas también aplicadas por los especialistas.

Ahora bien, los estudios más serios sobre la periodización del entrenamiento deportivo son relativamente recientes (4 ó 5 décadas), a partir de cuando mayor cantidad de personas empezaron a dedicarse a la práctica deportiva en forma constante, lo que a su vez generó la necesidad de dividir el proceso de entrenamiento con el fin de dar a éste un sentido racional.

Aún cuando desde la segunda década del presente siglo se empezaron a utilizar algunas formas de periodización, en la cuales se consideraban diferentes aspectos como determinantes del rendimiento deportivo (preparación física, entrenamiento de la técnica, entrenamiento de la táctica, el clima y otros), en la actualidad la idea más aceptada es la siguiente:

Los períodos del entrenamiento deportivo

En el entrenamiento de un deportista de alto rendimiento se diferencian tres aspectos que duran varios meses:

Período general de preparación general. Es la preparación del atleta en forma progresiva y escalonada en cuanto a la carga de entrenamiento, antes del período de competencia.

Este período se subdivide, a su vez, en medianos y pequeños períodos de entrenamiento (mesociclos y microciclos) que se contemplan dentro de un programa bien definido.

Período de competencia. Es el período de entrenamiento donde se compite. Se caracteriza por un esfuerzo máximo del atleta.

Período de transición. Después del período de competencia paulatinamente se reduce la carga de entrenamiento, constituyéndose esto en un descanso activo para el atleta, para comenzar el nuevo período de preparación general del siguiente año.

Los factores de la periodización del entrenamiento deportivo

a) El nivel de entrenamiento,
b) El calendario de competencias,
c) Las condiciones climáticas,
d) Los sistemas de entrenamiento,
e) Los medios de entrenamiento,
f) Las cargas de entrenamiento
g) Los períodos de entrenamiento y las metas o tareas por realizar.

a) *El nivel de entrenamiento*: Se refiere al estado de rendimiento que guarda un deportista al momento de elaborar su plan de entrenamiento.

b) *El calendario de competencias*: Dentro de este apartado se consideran tanto la competencia principal como las competencias secundarias o de control.

c) *Las condiciones climáticas*: Aquí se consideran principalmente las condiciones ambientales que guardará el lugar durante la competencia principal y durante el entrenamiento.

d) *Los sistemas de entrenamiento*: Son los conocimientos teórico-prácticos que ayudan al entrenador y al atleta a conseguir el máximo rendimiento de este último. Existen varios sistemas (aplicados en diferentes épocas y lugares), que se conocen como tradicionales o modernos.

e) *Los medios de entrenamiento*: Son todos aquellos medios que ayudan al fortalecimiento, relajación y recuperación del deportista, así como los implementos utilizados para el desarrollo de los factores de la estructura del rendimiento deportivo (pesas, agua, piedras, ceros o colinas, palos, etc.).

f) *Las cargas de entrenamiento*. Son los estímulos que provocan un efecto positivo en el organismo, ya sea físico o mental.

g) *Los períodos de entrenamiento*: Un período de entrenamiento es el tiempo mínimo indispensable para que el organismo alcance su máximo rendimiento o recuperación. En niños y jóvenes no debe aplicarse la periodización, sólo se deben utilizar los mesociclos para estimular el desarrollo y los acentos de las capacidades físicas.

h) *Las metas y tareas por realizar*: En deportistas de alto riesgo la meta depende del nivel de rendimiento y de las exigencias de la competencia, como pueden ser un Campeonato Nacional, unos juegos Centroamericanos, Panamericanos, un Mundial o unos Juegos Olímpicos.

El programa de entrenamiento

El programa operativo de entrenamiento consiste en plasmar por escrito y en forma ordenada la orientación que se le debe dar a cada uno de los factores o componentes de la estructura del rendimiento deportivo, ya sea en las unidades de entrenamiento, en los microciclos, macrociclos y periodizaciones olímpicas.

En los deportistas jóvenes lo más importante es desarrollar sus capacidades físicas respetando las fases sensibles de cada una de ellas y apoyándonos en investigaciones científicas que en la práctica sean los programas, procurando evitar la llamada especialización temprana, donde muchos entrenadores han obligado a los niños a entrenar de 8 a 10 horas diarias, sin importarles los millones de niños lesionados, fracturados, y paralíticos que quedaron en los países con dictaduras socialistas, y que hoy en día están llegando como moda a nuestro país, siendo que estas teorías son de los años 70 impuestas por entrenadores empíricos.

Relación entre el volumen y la intensidad en un ciclo de entrenamiento

1. *Alto rendimiento*

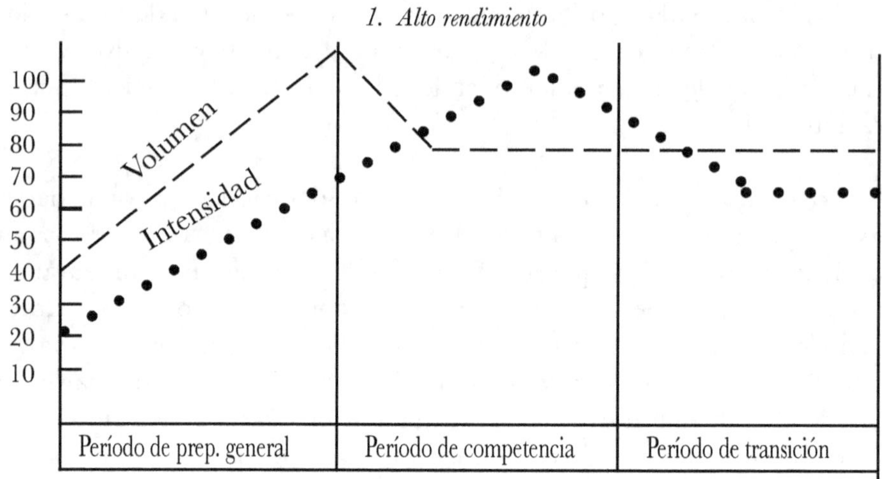

2. *Juveniles*

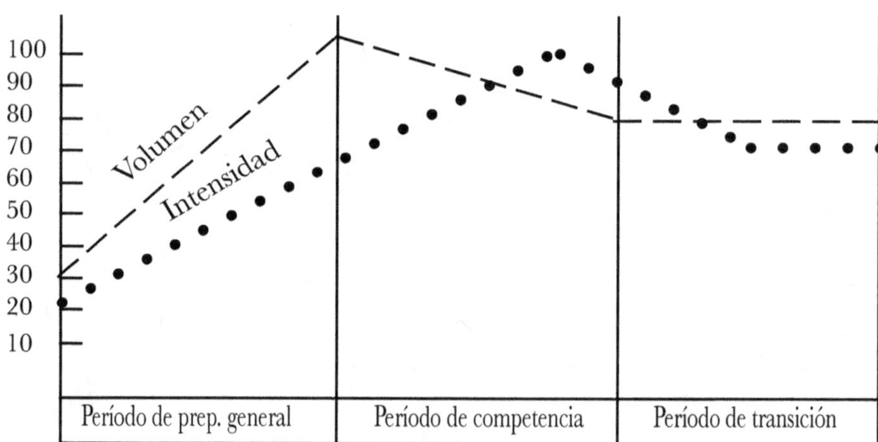

La unidad de entrenamiento

Una clase de educación física o unidad de entrenamiento dura entre 45 y 50 minutos y consta de tres partes; parte de preparación, parte principal y parte final.

Parte de preparación o inicial (10-15 min)

Esta parte se utiliza para preparar el organismo para realizar con más eficiencia el trabajo de entrenamiento. Se estiran los músculos y ligamentos y se procura que el cuerpo en general entre en calor con lo cual la musculatura trabaja mejor.

También durante esta parte el deportista debe concentrar su atención en las tareas de entrenamiento u objetivos por alcanzar.

El tiempo empleado en la parte de preparación dependerá de la temperatura ambiental del momento. Es recomendable utilizar ropa deportiva que facilite el calentamiento.

Parte principal (30-45 min)

Se utiliza para mejorar el estado de entrenamiento por medio del desarrollo de las capacidades físicas así como para la enseñanza de los movimientos deportivos (técnicos y tácticos).

Parte final (5-10 min)

Sirve para disminuir el estado de funcionamiento del organismo de los atletas o deportistas hasta llevarlo a su estado normal de funcionamiento.

En esta parte se realiza un aflojamiento muscular y se procura disminuir la tensión de los nervios. Los ejercicios del entrenamiento, por lógica, serán distintos para cada deporte o prueba.

En la parte final del entrenamiento se suelen utilizar formas diferentes para llevar al organismo de los alumnos a su estado normal de funcionamiento.

Una de estas formas es pedirle a los alumnos que se acuesten sobre la duela, el piso o el pasto, con las piernas levantadas o apoyadas sobre la pared o una banca, aprovechando ese tiempo para hacer observaciones sobre el grupo y para motivarlos a trabajar más. Mientras tanto ellos realizan ejercicios suaves de relajación.

También se acostumbra pedir a los alumnos que se acuesten boca arriba o boca abajo y cierren los ojos, entonces el profesor les hace la invitación a que intenten sentir cada una de las partes de su cuerpo hasta que logren pensar sólo en determinada parte del cuerpo.

Otro ejercicio muy utilizado es el trote suave. A veces se usa la natación incluso en la escuela los maestros de educación física después de la clase, mandan a los alumnos a lavarse las manos, convirtiéndose esta acción en un ejercicio de limpieza y relajación.

Otros maestro piden a los alumnos que se sienten formando un círculo, pidiendo a cada uno que mencione una parte de su cuerpo y para qué movimiento le sirve.

El maestro o entrenador puede enseñar un juego tradicional, corregir errores técnicos, comentar la importancia que tiene la higiene como medio para preservar la salud, etc.

La unidad de entrenamiento

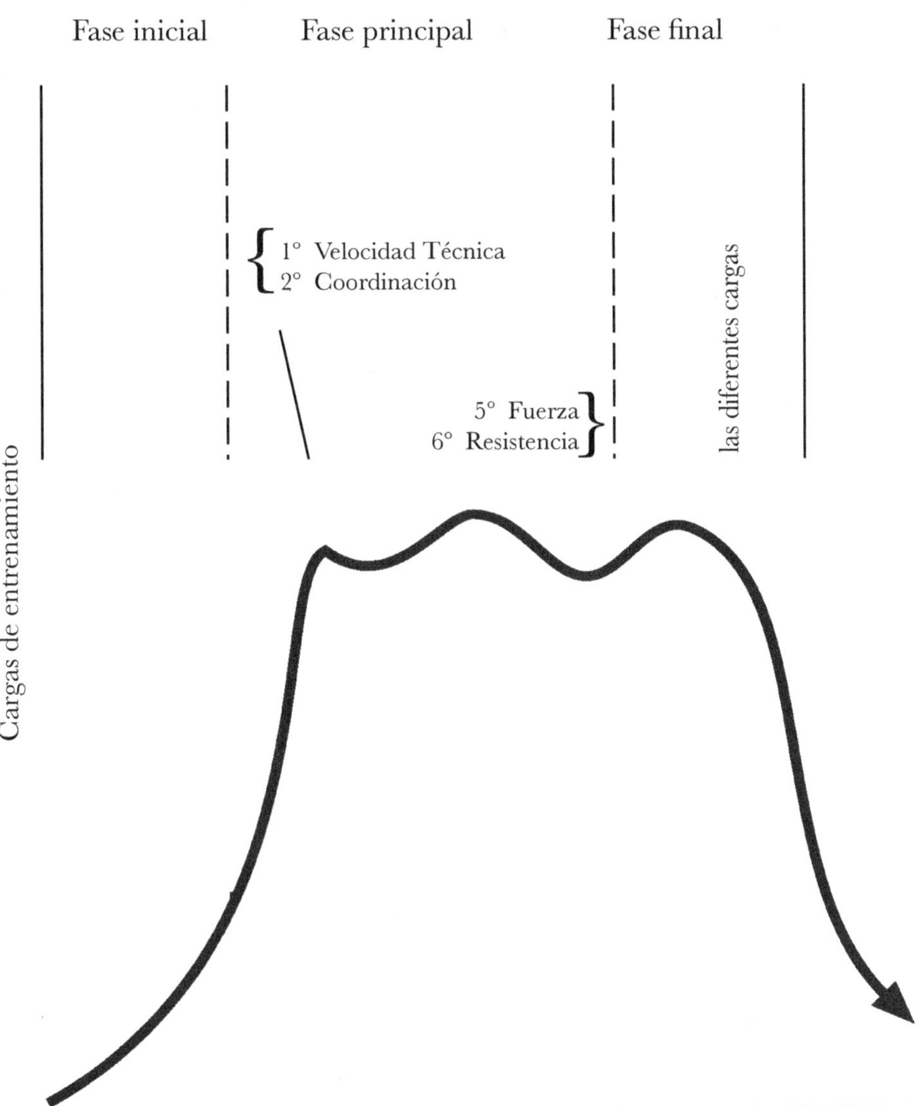

El programa olímpico de entrenamiento

Es un programa que se integra por cuatro años deportivos, siendo en los dos primeros años donde se crean las bases para que en los años siguientes se obtenga el máximo rendimiento deportivo. Además las mismas competencias año tras año van aumentando de nivel, por ejemplo, en 1989 el Campeonato Centroamericano; en 1990 los Juegos Centroamericanos; 1991 los Panamericanos y en 1992 los Juegos Olímpicos en Barcelona.

La periodización olímpica tiene cierta relación con el lugar y el tiempo (condiciones climáticas) donde se realizarán las competencias, por la cual se deben conocer con anticipación las fechas en que sede celebrarán dichas competencias, para considerar las condiciones que presentará el clima del lugar, porque las estaciones del año son diferentes en algunos países y el organismo humano tiene su mayor rendimiento deportivo en primavera y verano. Por lo tanto, la periodización olímpica varía en función al lugar donde se realizarán las competencias.

En algunos países se apoya este aspecto con investigaciones que ayudan a mejorar el rendimiento de los deportistas, contribuyendo con ello al establecimiento de nuevas marcas o récords.

En nuestro país estamos preocupados por atender a nuestros deportistas en función del programa olímpico, pero es oportuno mencionar la necesidad de implementar un programa olímpico nacional ya que no es posible entrenar a nuestros deportistas, como lo hacen los norteamericanos, los rusos, los cubanos, o los alemanes, si no que debemos crear nuestra propia periodización con los recursos que contamos y demostrar con resultados que sí se puede.

Existen las condiciones que nos permiten evaluar la condición de nuestros deportistas en cada una de las competencias regionales en que estos participan, lo cual es de gran ayuda para alcanzar el máximo nivel de rendimiento en la competencia más importante al ir corrigiendo errores o fallas y procurando estabilizar el rendimiento.

El programa general de entrenamiento olímpico contiene la periodización simple, la periodización doble y la periodización triple.

a) *Periodización simple*: Se refiere a un solo período de preparación general, uno de competencia y uno de transición.

b) *Periodización doble*: Aquí se consideran dos períodos de preparación general, dos períodos de competencia y dos de transición.

c) *Periodización triple*: La periodización triple contiene tres períodos de preparación general, tres períodos de competencia y tres de transición.

El programa olímpico de entrenamiento contiene, además, macrociclos de seis meses y mesociclos de 4-6 semanas. Los microciclos contienen a los mesociclos y los mesociclos están integrados por microciclos, los cuales generalmente se refieren al entrenamiento realizado durante una semana.

El microciclo a su vez, se integra por unidades de entrenamiento y se refiere al trabajo de entrenamiento realizado durante un día, a su vez se divide en sesiones de entrenamiento.

Además, el programa olímpico contiene los tests o evaluaciones para cada uno de los períodos, a sí como las técnicas para verificar las etapas de la coordinación y la técnica del deporte en prueba.

El propósito de los tests o evaluaciones físicas es evaluar la fuerza, la resistencia, la flexibilidad general, la coordinación y la condición física general y específica. Por lo tanto, se debe disponer de tests generales, tests especiales y tests específicos para la preparación física o factor condición.

También existen tests de táctica deportiva, tests psicológicos y tests pedagógicos; además de los exámenes médicos.

Cómo estructurar un programa olímpico de entrenamiento

Primero se deben conocer las fechas exactas en que se realizarán las competencias olímpicas, y también otras competencias importantes (de acuerdo al deporte o prueba).

A continuación se procede a sumar el número de meses, semanas y días, con lo cual se forman los años deportivos. Luego, se procede a elaborar las estadísticas correspondientes a las semanas de entrenamiento general y especial, conforme a la ley de protección del rendimiento: 70% general y 30% especial durante los cuatro años deportivos y para cada año.

Después se distribuye el total de semanas en el año deportivo y también distribuyen los porcentajes de los diferentes macrociclos, sin olvidar la mencionada ley de protección del rendimiento (70% general y 30% especial).

Luego, se distribuyen los diferentes períodos (de preparación general, preparación especial, competencia y de transición).

A continuación se distribuye los mesociclos del período de preparación general, de preparación especial y el período de competencia.

Luego se hace la distribución de los microciclos que conforman los mesociclos con sus respectivos objetivos por alcanzar.

Finalmente, se establecen las fechas para las evaluaciones o chequeos generales y específicos, y también para las competencias de control.

Número de semanas en los años deportivos que conforman el período olímico 1989-1996

1989-1990	1990-1991
77% 39 Semanas de trabajo general	80% 41 Semanas de trabajo general
23% 13 Semanas de trabajo especial	21% 11 Semanas de trabajo especial
Total 52 Semanas	Total 52 Semanas
1991-1992	**1992-1993**
79% 39 Semanas trabajo general	76% 41 Semanas de trabajo general
24% 12 Semanas de trabajo especial	22% 14 Semanas de trabajo especial
Total 51 Semanas	Total 55 Semanas
1993-1994	**1994-1995**
80% 43 Semanas trabajo general	80% 78% 39 Semanas trabajo general
24% 13 Semanas de trabajo especial	26% 12 Semanas de trabajo especial
Total 55 Semanas	Total 51 Semanas
1995-1996	
77% 41 Semanas trabajo general	
23% 13 Semanas trabajo especial	
Total 54 Semanas	

Exigencias del deporte de alto rendimiento

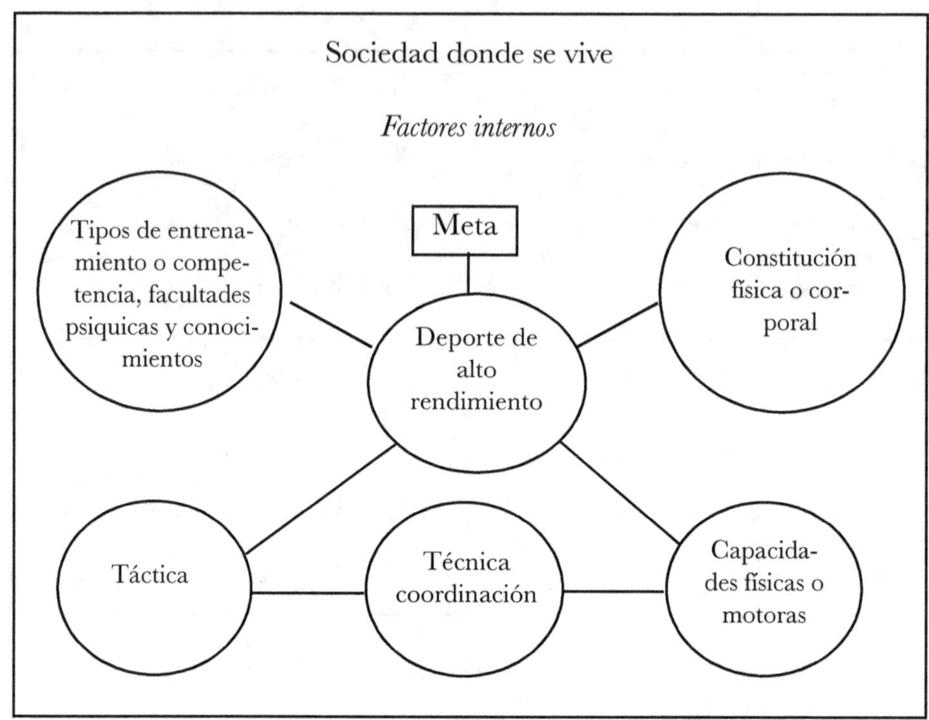

<table>
<tr><td>

Factores externos

Vivienda
Familia
Estudio
Trabajo
Dinero
Diversión
Tiempo libre
Descanso
Medio donde se vive
Reconocimiento social
Estímulos
Equilibrio biológico

</td><td>

Otros factores externos

Organización deportiva
Medicina deportiva
Fisioterapia
Laboratorios
Instalaciones de entrenamiento
Equipo de entrenamiento
Medios de recuperación

</td></tr>
</table>

Capítulo 5

Las capacidades físicas

√ La fuerza
√ La velocidad
√ La resistencia
√ La flexibilidad – movilidad
√ Las cualidades coordinativas
√ Las facultades mentales

Qué son las capacidades físicas

Las capacidades físicas o motoras. Son capacidades necesarias para el buen desempeño físico, determinantes para el aprendizaje y la ejecución de los movimientos deportivos con sus respectivos ejercicios y se dividen en:

a) Capacidades físicas condicionales
b) Las cualidades coordinativas
c) Habilidades o destrezas

a) *Capacidades físicas condicionales:* Son determinadas en primera instancia por el proceso energético; es decir, requieren para su realización de la energía (Creatin – Fosfato, Glucógeno y ATP), de lo contrario jamás habrá un movimiento correcto; estas son: la fuerza, la resistencia, la velocidad y la flexibilidad.

b)   *Las cualidades coordinativas (coordinación)*: Son también capacidades físicas, pero determinadas en primera instancia por el proceso del sistema nervioso en la programación (imagen – idea) del movimiento y el control del mismo.

c)   *Habilidades o destrezas*: Son toda capacidad física automatizada.

La expresión de éstas capacidades se manifiesta principalmente durante el proceso de la formación técnica del movimiento, en especial en el deporte de alto rendimiento: ritmo, reacción, orientación, sincronización, equilibrio, diferenciación y la capacidad de adaptación al movimiento.

Las capacidades físicas

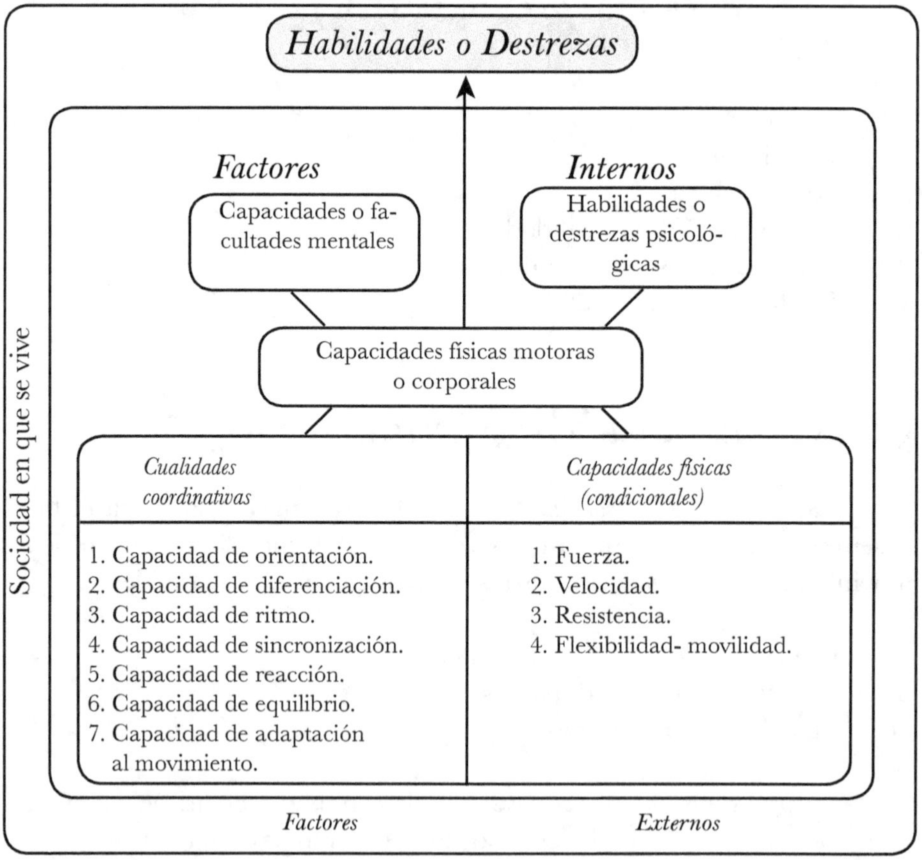

La fuerza

¿Qué es la fuerza?

La fuerza en el deporte se entiende como la capacidad del organismo humano para levantar un peso o masa por medio de la concentración voluntaria de un músculo o de un grupo de músculos, ya sea en pesas o con el propio peso corporal. Se reconocen tres tipos de fuerza:

Fuerza máxima: Es la fuerza más grande que puede desarrollar un sujeto, y es determinada por la musculatura al realizar un esfuerzo de máxima contracción muscular voluntaria por una sola vez.

Fuerza rápida: Es determinada por la musculatura con movimientos rápidos y continuos al levantar un peso o una masa con la mayor velocidad de contracción muscular.

Fuerza de resistencia: Es la capacidad del organismo humano para mantener un esfuerzo contra un peso o una masa; por ejemplo, el levantamiento de pesas realizado varias series y/o repeticiones.

En estos deportes los tipos de fuerza se diferencian al comparar las pesas, patinaje y voleibol.

El entrenamiento de la fuerza

La realización de los diferentes períodos de entrenamiento nos sirve para determinar el tipo de fuerza que se debe desarrollar, y también para determinar si el método utilizado es el indicado.

En las tablas de esta y la siguiente página, se ilustran las formas para entrenar los diferentes tipos de fuerza, así como los puntos más importantes que se deben observar.

Tabla para rendimiento de fuerza

Tipo de fuerza	Método de entrenamiento	Número de series	Pausa entre series
Fuerza máxima	Entrenamiento en circuito con método de repeticiones	3-5	2-3 minutos
Fuerza rápida	Entrenamiento en circuito con método de intervalo	3-6 2-5 minutos	
Fuerza de resistencia	Entrenamiento en circuito con el método de duración	3-5	1-2 minutos

Tabla de entrenamiento de fuerza

Realización del ejercicio	Repeticiones	Ejercicios con pesas	Tipos de fuerza
Normal o lento	1 a 8	100 a 80%	Máxima
Explosivo (rápido)	1 a 12	80 a 60%	Rápida
Lento rápido	15 a 30	60 a 20%	Resistencia

Se recomienda seleccionar los ejercicios en función al tipo de fuerza que desee entrenar, y determinar los porcentajes con base en el peso corporal y la edad del sujeto.

Al entrenar en este método se sugiere hacerlo con sobrepeso y no con pesas.

Fuerza de brazos con peso adicional (pelota medicinal)

Los ejercicios con pesas

Para la realización de los ejercicios de entrenamiento con pesas se deben calcular los valores con que se ha de trabajar cada tipo de fuerza, de acuerdo al test correspondiente.

El cálculo de los ejercicios de entrenamiento con pesas se determina en función al tipo de fuerza que se desee entrenar.

Ejemplo: ¿Cuántos kilos es el máximo peso que puede levantar un sujeto?

Supongamos que el sujeto logra levantar treinta kilos como máximo, lo cual se constituye en su 100%.

La tabla correspondiente nos indica que para trabajar la fuerza se deben utilizar porcentajes que van del 100% al 80% del peso máximo levantado por el sujeto; por lo tanto, 30 kilos es el peso con que debe trabajar nuestro sujeto.

El porcentaje de la tabla, multiplicado por el máximo peso levantado, es igual al peso con que se debe entrenar.

$$\textit{El cálculo: } \frac{80\% \ X \ 30}{100} = 24 \ Kg$$

¿Cómo se dosifica la carga?

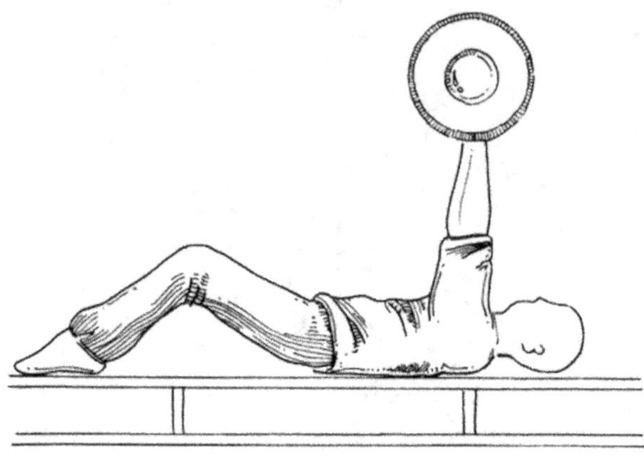

1°. Test al Máximo

$$2°. \text{ Cálculo } \quad \textit{Cálculo: } \frac{80\% \ X \ 30}{100} = 24 \ Kg$$

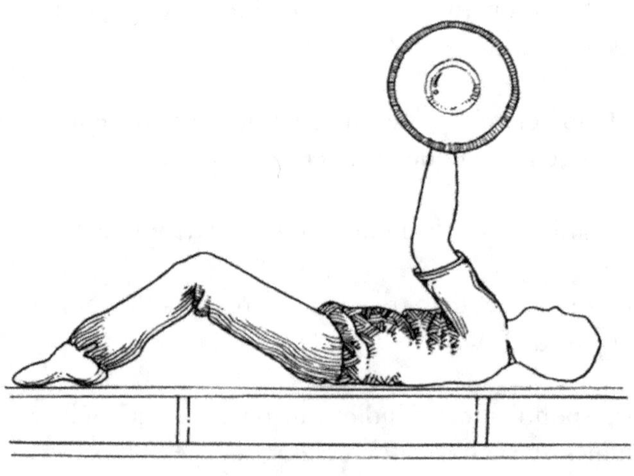

3°. Entrenamiento

El entrenamiento en circuito

¿Qué es el entrenamiento en circuito?

El entrenamiento en circuito es un método creado por Morgan y Adamson en el año de 1953, en la Universidad de Leeds, en Inglaterra, basándose en el método de *Body Building* creado en los Estados Unidos de Norteamérica, cuya finalidad consiste en procurar el fortalecimiento muscular y el mejoramiento de la respiración y la circulación, es decir, la resistencia.

La característica del entrenamiento en circuito consiste en que los ejercicios se realizan en dirección circular, normalmente en el sentido en que giran las manecillas del reloj. Una de sus ventajas es que varios deportistas pueden realizar el mismo ejercicio pasando de una estación a otra.

El entrenamiento en circuito sirve también para realizar el programa de entrenamiento de un deportista. A continuación se ilustran algunos ejemplos:

Entrenamiento en circuito 1

Este circuito consta de nueve estaciones, que se deben recorrer en círculo, una tras otra.

En cada una de las estaciones el ejercicio se debe realizar determinado número de veces (repeticiones) o con determinado tiempo, luego se cambia a la siguiente estación y así sucesivamente hasta cerrar el circuito.

A continuación se puede iniciar una segunda ronda o serie, de acuerdo con las necesidades del programa.

De una estación (ejercicio) a otra no deben trabajar grupos musculares iguales, sino diferentes regiones musculares.

De preferencia se deben realizar ejercicios con el propio peso corporal, o con pequeños sobrepesos.

Entrenamiento en circuito 1 (ejercicios)

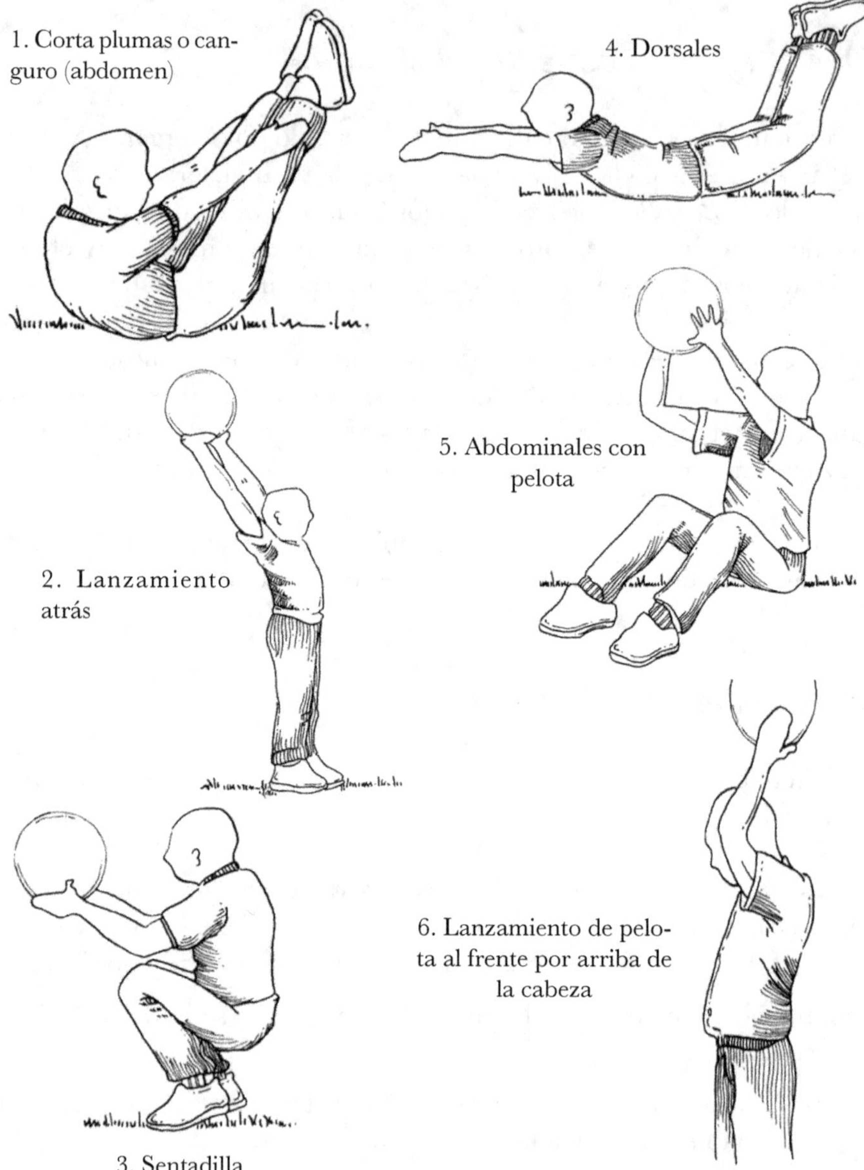

1. Corta plumas o can-
guro (abdomen)

4. Dorsales

2. Lanzamiento
atrás

5. Abdominales con
pelota

3. Sentadilla

6. Lanzamiento de pelo-
ta al frente por arriba de
la cabeza

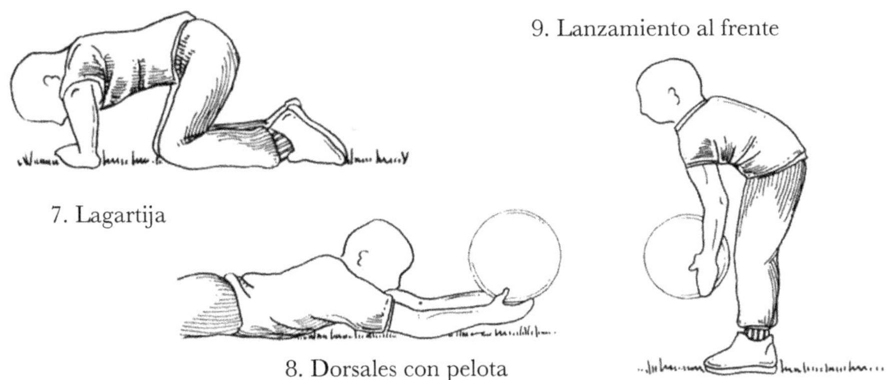

7. Lagartija

8. Dorsales con pelota

9. Lanzamiento al frente

Entrenamiento en circuito 2

Compare los ejercicios del método de entrenamiento (página 87) y observe sus características y cargas de entrenamiento ¿Qué puede diferenciar?

Observe también las tablas de la página 78 ¿Puede reconocer la estrecha relación? Fundamente el porqué de l velocidad de realización de los ejercicios para el entrenamiento de la fuerza rápida (ejercicios explosivos) y por qué no se pueden sin pausa. Reflexione sobre cómo debe ser el desarrollo de la fuerza rápida y la fuerza de resistencia.

Meta por alcanzar: Fuerza rápida de brazos y piernas.

Método de entrenamiento: Entrenamiento en circuito con el método de intervalo. Tiempo de realización del ejercicio para cada estación: 20 segundos.

Número de series: 3. Una serie comprende del ejercicio 1 al 7.

Pausa entre cada serie: 4 minutos con ejercicios de aflojamiento.

Velocidad de realización: Explosivo.

Todo niño o adolescente debe trabajar solo con su propio peso corporal, ya que esto es necesario para su desarrollo armónico. Se recomienda utilizar ejercicios para estimular los grupos musculares en abdomen, dorso, piernas y brazos.

Entrenamiento en circuito 3

Con el propósito de evitar un daño físico, es recomendable realizar un buen calentamiento muscular, al igual que un buen aflojamiento.

Meta por alcanzar: Fuerza máxima de brazos y piernas.

Método de entrenamiento: Entrenamiento en circuito con el método de repeticiones. Tiempo de realización del ejercicio: 15 segundos; pausa entre cada estación: 30 segundos o un minuto.

Número de serie: 2-5: Cada serie comprende de uno a seis ejercicios.

Pausa entre cada serie: 5 minutos con ejercicios de aflojamiento.

Velocidad de realización: Normal o lento.

Al disminuir el número de ejercicios se debe aumentar el número de series de cada ejercicio, con lo cual se logra un mayor grado de esfuerzo para cada grupo muscular.

El desarrollo de la fuerza máxima en deportistas

Ejemplo del método de repeticiones para desarrollar la fuerza máxima en atletas de alto rendimiento (adultos mayores de 18 años):

Orden de los ejercicios en la serie		% de ejercicios a realizar	Repetición del ejercicio
1.	Pres de pecho	80%	4 – 6
2.	Semisentadilla	80%	4 – 6
3.	Pres de pecho	90%	2 – 4
4.	Semisentadilla	90%	2 – 4
5.	Pres de pecho	80%	4 – 6
6.	Semisentadilla	80%	4 – 6

Se recomienda escoger bien los ejercicios y no utilizar únicamente un ejercicio para una meta, ya que por ejemplo los ejercicios aplicados en el entrenamiento del Circuito 1 no son para desarrollar la fuerza máxima, y los del entrenamiento en Circuito 3 sí.

Velocidad

¿Qué es la Velocidad?

La velocidad es la capacidad del organismo para desplazarse (recorrer una distancia) en el mínimo tiempo y con la máxima velocidad de contracción muscular, como en los 100 metros planos, los 50 metros en natación (nado de crawl), salida, aceleración, máxima velocidad, resistencia de la velocidad.

Cuatro componentes de la velocidad

1. *Capacidad de reacción:* Es la capacidad de regirse o reaccionar lo más rápido posible al movimiento a una señal dada.
2. *Capacidad de aceleración:* Es la capacidad del individuo para adquirir mayor velocidad, pasando por diferentes intensidades (velocidades).
3. *Capacidad de la máxima velocidad:* Es la capacidad del individuo para recorrer la mayor distancia posible con la máxima velocidad de contracción muscular.

4. *Resistencia de la velocidad:* Es la capacidad del individuo para mantener la velocidad durante el mayor tiempo posible.

El desarrollo de la velocidad

En atletismo los 100 metros planos son una prueba típica de velocidad; sin embargo no es solamente máxima velocidad, ya que en la línea de salida el corredor debe reaccionar lo más rápido posible y acelerar hasta alcanzar la máxima velocidad. La aceleración se realiza de los 30 a 60 metros, después aparece el cansancio y la velocidad disminuye.

Para un velocista también es necesario entrenar contra el cansancio, con la finalidad de obtener resistencia a la velocidad. Los componentes de la velocidad están estrechamente relacionados con la resistencia.

Estructura del rendimiento en los 100 metros planos

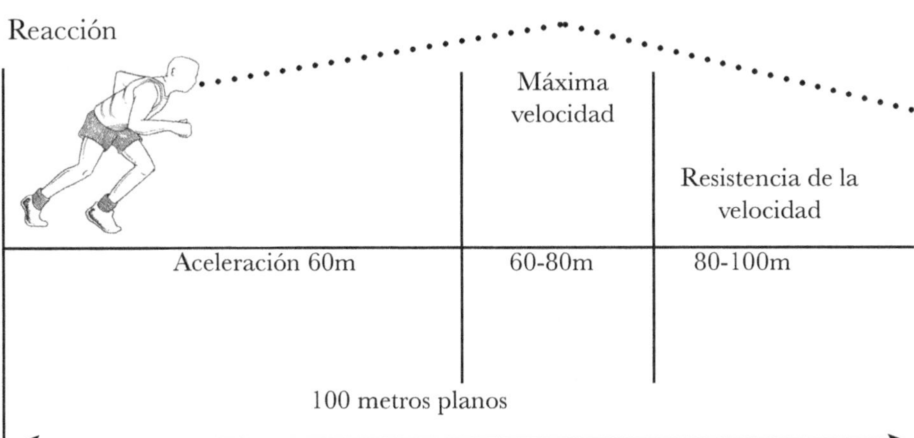

¿De qué depende la velocidad?

Los movimientos de un velocista dependen en buena medida de la rapidez con que su sistema nervioso pueda transmitir los impulsos: mientras más corto sea el tiempo de reacción de los músculos, éstos trabajarán con menor coordinación.

Así mismo, para que pueda continuar el movimiento acelerado, deben existir nuevos impulsos nerviosos y una gran frecuencia en los movimientos (movimientos rápidos). Ese antagonismo provoca el cansancio del sistema nervioso, y para mejorar el trabajo muscular (coordinación) es necesario que éste se encuentre relajado.

Para la realización de la técnica (realización del movimiento) los músculos trabajan unos como agonistas y otros como antagonistas. Mientras más "elástico" sea un músculo, presenta menos resistencia al movimiento, lo que significa que se tiene que dominar la ejecución del movimiento (técnica), correctamente.

La capacidad neuro-muscular juega también un papel muy importante en el trabajo físico, ya que esto contribuye también a regular el flujo sanguíneo, lo que a su vez facilita la recuperación. Una buena capacidad neuro-muscular facilita también sostener por mayor tiempo el máximo esfuerzo.

La demanda energética durante los movimientos de velocidad es muy elevada y la cantidad de oxígeno para la producción de energía es muy limitada, produciéndose entonces la deuda de oxígeno (95% de deuda). En estas circunstancias aparecen los productos del metabolismo (ácido láctico) que causan molestias en el organismo (dolor muscular).

El entrenamiento de la velocidad

El entrenamiento de la velocidad comprende tres tipos de ejercicios:

1. *Ejercicios de reacción:* Para mejorar la reacción de los nervios y músculos, por ejemplo durante la salida.
2. *Ejercicios de aceleración:* Para mejorar la capacidad de aceleración.
3. *Ejercicios de carrera:* Para mejorar la velocidad locomotora o sprint en ciclismo, atletismo y natación.

Pausa: Completa. Recuperación: de 3 a 10 minutos. En la pausa el descanso es activo.

Ejemplo:

Meta por alcanzar: Velocidad y resistencia de la velocidad en 100 metros planos.

Método de entrenamiento: Carreras con el método de repeticiones.

Número de series: Una serie que consta de 10 carreras rápidas.

Tabla para entrenar la velocidad

Meta por alcanzar	*Aceleración* *Máxima velocidad*	*Resistencia de* *la velocidad*
Método de entrenamiento	Método de repeticiones	Método de repeticiones
Intensidad	Submáxima	I_3 hasta submáxima
Volumen	5 a 10 Repeticiones Distancias cortas como en competencia 6 x 10 m 4 x 15 m 3 x 30 m 2 x 60 m 1 x 100 m	5 a 10 Repeticiones Distancia mayor de competencia Gran velocidad 70 a 200% de la distancia de competencia 2 x 80 m 2 x 100 m 1 x 200 m
	Máxima velocidad 110 al 30% de la competencia 2 x 100 m 2 x 110 m 2 x 120 m	

Entrenamiento de la velocidad

Ejercicios de reacción	Distancia	Repeticiones	Pausa
Salidas: Hincado, en cuclillas, boca abajo, boca arriba, en posición de lagartija, yoguis con salida.	10 - 15 m.	2	30 segundos
Yoguis al máximo en su lugar, a la palmada salir rápido.	20 m.	4 - 6	30 segundos
Ejercicios de aceleración	5 m.	8	1 min- 30 seg.
1° salida baja 2° salida de pie	15 m.	4	2 min- 30 seg.
Ejecicios de la técnica de la carrera ABC	15 - 30 m.	De cada uno	30 segundos
3° Intervalo intenso (salida de pie)	30 m.	3	2-4 min. Ejercicios de descanso activo.
4° Intervalo intenso	30 m.	3	2-4 min. Con trote 4-6 min.
5° Intervalo intenso	60 m.	2	Pausa trote o caminando
6° Intervalo intenso	100 m.	1	5 - 7 minutos
7° Intervalo intenso	120 m.	1	5 - 7 minutos

La resistencia

¿Qué es la resistencia?

La resistencia se reconoce como la capacidad del organismo para resistir al cansancio en cargas de duración. Existen tres clases de resistencia:

1. *Resistencia de larga duración*: Es la capacidad del organismo contra el cansancio al realizar un esfuerzo de 8 minutos en adelante.

2. *Resistencia de media duración:* Es la capacidad de resistencia para realizar un esfuerzo de 2 a 8 minutos.

3. *Resistencia de corta duración:* Es la capacidad de resistencia del organismo contra el cansancio para el esfuerzo de 45 seg. a 2 minutos.

| *Natación* | *Atletismo* | *Ciclismo* |

¿De que depende la resistencia?

Para la realización del movimiento, la energía se suministra por dos caminos en la musculatura. En el primer caso el metabolismo es anaeróbico y en el segundo caso el metabolismo es aeróbico. Los requerimientos energéticos de cada uno de los mecanismos dependen del tiempo de duración y de la velocidad (intensidad con que se realiza el ejercicio).

Resistencia de larga duración: La intensidad de la carga es tan grande que la demanda de oxígeno es cubierta; razón por la cual mejora en estas circunstancias el suministro de oxígeno.

Resistencia de media duración: La intensidad de la carga es tan alta que la demanda de oxígeno no se cubre en forma constante cuando la capacidad pulmonar es limitada. Con el entrenamiento aeróbico se logra una rápida y profunda respiración, lo que a su vez favorece el desarrollo de la capacidad pulmonar, facilitando que el proceso del metabolismo continúe, aún después de haber terminado el esfuerzo hasta que la deuda de oxígeno sea cubierta. La mayor parte del ácido láctico permanece en los músculos y produce dolores en éstos.

Para el mejoramiento de la resistencia de media duración, en primer lugar se debe aumentar el suministro de oxígeno y los músculos se deben adaptar al trabajo de diferentes formas.

Resistencia de corta duración: La intensidad del esfuerzo es mayor que en la resistencia de media duración. Ésta se realiza con gran deuda de oxígeno y la musculatura trabaja sin la presencia del oxígeno aún cuando es necesario trabajar con el oxígeno.

Analice las siguientes preguntas

1. ¿Cómo llega la energía al músculo a partir de la glucosa?

2. ¿Cuáles son los dos caminos para que el músculo, a partir de la glucosa, reciba la energía para la realización del movimiento?

3. ¿Cuáles son los productos finales en los dos caminos de producción de energía?

4. ¿Cuáles son los efectos positivos y negativos del ácido láctico, el cual es productor y transportador de energía?

5. Los productos finales $CO_2 H_2O$. ¿Qué relación tienen con la respiración profunda y el sudor?

Formas de producción de energía

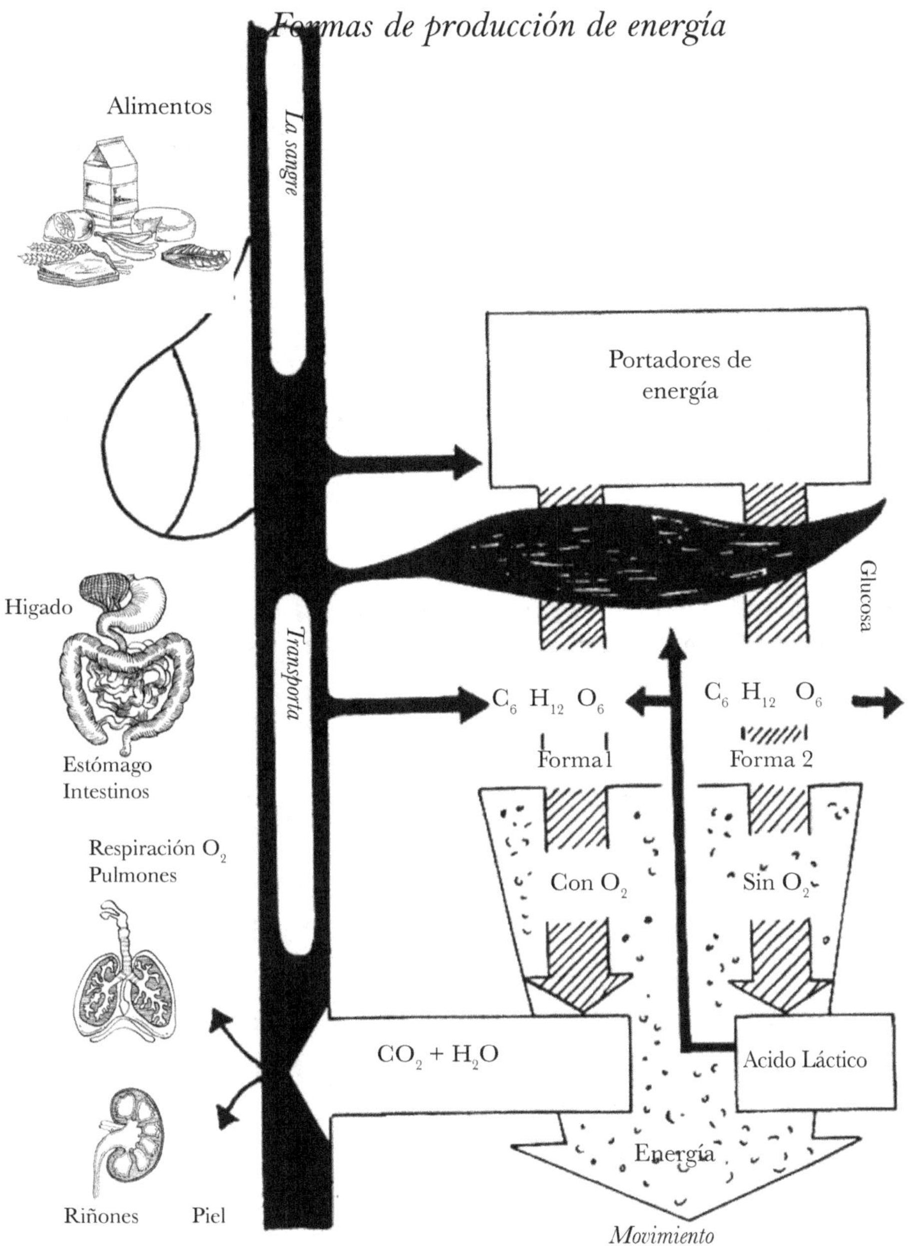

	Corazón de una persona sedentaria	*Corazón de un deportista*
Volumen:	750 ml........................	1.000-1.400ml
Peso:	250-300 g........................	350-500g
Minuto volumen Cardíaco:	Hasta 18 litros........................	30-40 litros
Frecuencia: Cardíaca:	Latidos 75 latidos min........................	45-56 latidos min.

¿Cómo desarrollar el tipo de resistencia correcto?

Cuando se quiera realizar alguna prueba de natación, abajo en la gráfica se pueden apreciar las tres clases de resistencia.

Lo importante no es saber diferenciar sus características, sino el tiempo de duración de la carga para desarrollar la resistencia deseada.

Gráfica para el manejo de la intensidad de la carga

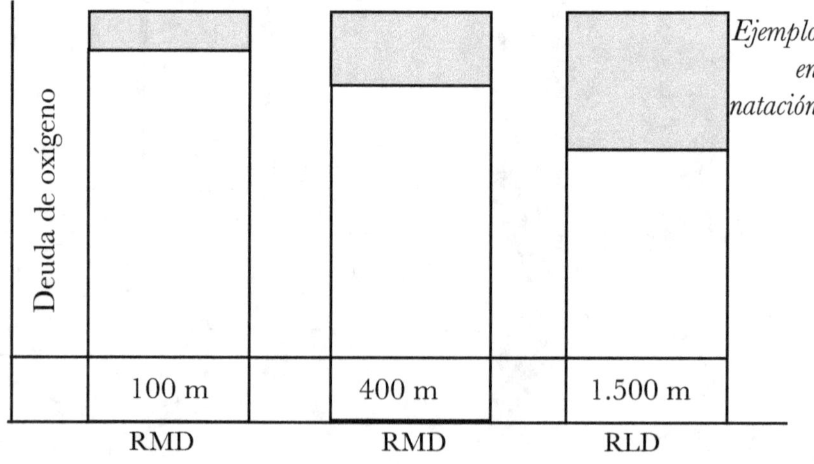

RCD = Resistencia de corta duración
RMD = Resistencia de media duración
RLD = Resistencia de larga duración

El entrenamiento de la resistencia

El entrenamiento de la resistencia es diferente en las distintas pruebas y partes, y no solamente se desarrolla con los ejercicios de competencia. Por ejemplo, un nadador no sólo nadando desarrolla su resistencia, sino también con ejercicios de otros deportes y utilizando el método de duración.

Por otra parte, en el período de transición los atletas deben seguir entrenando otros deportes que no sean ejercicios de su prueba, ya que eso les ayudará a mantener su resistencia: canotaje, natación, patinaje, etc.

Tabla para el entrenamiento de la resistencia

Lo que se desea entrenar	Método de entrenamiento	Carga	
		Volumen	Intensidad
Resistencia de larga duración (RLD)	Predomina el método de duración	Grande por ejemplo carrera continua 5 Km	Promedio 3-4 m/seg. Baja
Resistencia de media duración RMD)	Método de intervalo Método de duración Método de intervalo	Por ejemplo Intervalo Intenso de 800 m Grande	Alta 85% 95% De su marca Media
Resistencia de corta duración (RCD)	Predomina el Método de intervalo también el método de duración	Pequeño Intervalo intenso 200 – 800	Alta 85% 95% de su marca

Reglas para entrenar las carreras de resistencia

1. Para iniciar la adaptación del organismo a las carreras de duración se debe comenzar con un tiempo de cinco minutos (trote), e ir aumentando el tiempo conforme la adaptación del organismo lo permita (ver gráfica correspondiente).

2. Correr a la misma velocidad (mismo ritmo). La primera parte del recorrido debe ser similar a la segunda. Si inicias con mucha velocidad te cansarás pronto y la segunda parte la correrás con menor velocidad. Lo ideal es realizar la distancia con la misma velocidad.

3. Si recorres mil metros en 6 minutos 11 segundos, da como resultado una velocidad de carrera de 2.7 m/s., lo cual indica que debes entrenar esta distancia y en forma progresiva aumentarla. Corre, sí, pero no lo hagas lento, controla tu velocidad promedio. Calcula el ritmo que debes llevar conforme a la mencionada tabla.

4. Para correr 5 Km puedes aumentar en forma paulatina la velocidad de carrera. Por ejemplo, de 3m/seg. a 4 m/seg. y así sucesivamente.

5. Cuando te hayas acostumbrado a la carrera de duración, estarás en condiciones de empezar a entrenar con la velocidad de carrera. Sobre tu mejor marca (=al 100%), puedes calcular el porcentaje e intensidad con la siguiente fórmula:

Mejor marca en m/seg. + porcentaje de la tabla = velocidad de carrera

Ejemplo:
4m/s x 90% = 3.6m/seg.
según la intensidad uno (I)

Tabla de intensidades

I1 =	95 - 90%
II2 =	75 - 85%
III3 =	60 - 75%

Recomendaciones: Un buen deportista entrena durante todo el año, aún en el período de vacaciones.

Tabla para el desarrollo de la resistencia
Tiempos parciales

Cada línea horizontal de esta tabla de tiempo parciales, indica el tiempo de paso para varias distancias cuando se corre un evento en pista de 400 m.

Por ejemplo, 67 seg. Por cada 400 metros nos dará un tiempo de 4.11.2 para los 1.500 m; y de 8.22.5 para los 3.000 m.

Tabla de tiempos parciales

100	200	300	400	600	800	1000	1200	1500	2000	3000
16,75	33,5	50,25	67	1.40,5	2.11,0	2.47,5	3.21,0	4.11,2	5.35,0	8.22,5
17,0	34,0	51,0	68	1.42,0	2.16,0	2.50,0	3.24,0	4.15,0	5.40,0	8.30,0
17,25	34,5	51,75	69	1.13,5	2.18,0	2.52,5	3.27,0	4.18,7	5.45,0	8.37,5
17,5	35,0	52,5	70	1.45,0	2.20,0	2.55,0	3.30,0	2.22,5	5.50,0	8.45,0
17,75	35,5	53,25	71	1.46,5	2.22,0	2.57,5	3.33,0	4.26,2	5.55,0	8.52,5
18,0	36,0	54,0	72	1.48,0	2.24,0	3.00,0	3.36,0	4.30,0	6.00,0	9.00,0
18.25	36,5	54,75	73	1.49,5	2.26,0	3.02,5	3.39,0	4.33,7	6.55,0	9.07,5
18,0	37,0	55,5	74	1.51,0	2.28,0	3.05,0	3.42,0	4.37,5	1.10,0	9.15,0
18,75	37,5	56,25	75	1.52,5	2.30,0	3.07,5	3.45,0	4.41,2	6.15,0	9.22,5
19,0	38,0	57,0	76	1.54,0	2.32,0	3.10,0	3.48,0	4.45,0	6.21,0	9.30,0
19.25	38.5	57,75	77	1.55,5	2.34,0	3.12,5	3.51,0	4.48,7	6.25,0	9.37,5
19,5	39,0	58,5	78	1.57,0	2.36,0	3.15,0	3.54,0	4.52,5	6.30,0	9.45,0
19,75	39,5	59,25	79	1.58,5	2.38,0	3.17,5	3.57,0	4.56,2	6.35,0	9.52,5
20,0	40,0	60,0	80	2.00,0	2.40,0	3.20,0	4.00,0	5.00,1	6.41,1	11.11,1
21,1	41,1	61,0	80	2.11,0	2.40,0	3.20,0	4.00,0	5.00,0	6.40,0	10.00,0
20,25	40,5	60,75	81	2.01,5	2.42,0	3.22,5	4.03,0	5.03,7	6.45,0	10.07,5
20,5	41,0	61,5	82	2.03,0	2.44,0	3.25,0	4.06,0	5.07,5	6.50,0	10.15,0
20,75	41,5	62,25	83	2.04,5	2.46,0	3.27,5	4.09,0	5.11,2	6.55,0	10.22,5
21,0	42,0	63,0	84	2.06,0	2.48,0	3.30,0	4.12,0	5.15,0	7.00,0	10.30,0
21,25	42,5	63,75	85	2.07,5	2.50,0	3.32,5	4.15,0	5.18,7	7.05,0	10.37,5
21,5	43,0	64,5	86	2.09,0	2.52,0	3.35,0	4.18,0	5.22,5	7.10,0	10.45,0
22,75	43,5	65,25	87	2.10,5	2.54,0	3.37,5	4.21,0	5.26,2	7.15,0	10.52,5
22,0	44,0	66,0	88	2.12,0	2.56,0	3.40,0	4.24,0	5.30,0	7.20,0	11.00,0
22,25	44,5	66,75	89	2.13,5	2.53,0	3.42,5	4.27,0	5.33,7	7.25,0	11.07,5
22,5	45,0	67,5	90	2.15,0	3.00,0	3.45,0	4.30,0	5.37,5	7.30,0	11.15,0
100	200	300	400	600	800	1000	1200	1500	2000	3000

Diferentes formas para enfrentar la resisitencia

La naturaleza es un excelente medio para el desarrollo de la resistencia: arena, agua, tierra, cerros, bosques, nieve, troncos, etc.

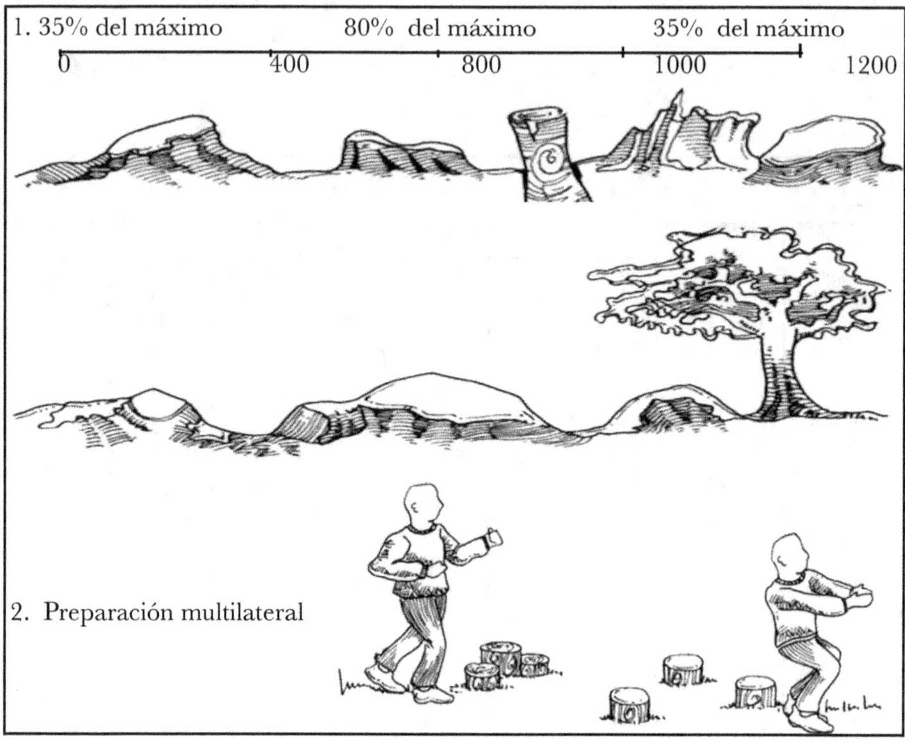

La selección de los ejercicios

Los ejercicios más utilizados para el entrenamiento de la resistencia, en la mayoría de los casos son las carreras de duración y de velocidad, en las que se realiza mucho esfuerzo y por lo cual se debe procurar que no sea monótono.

Los ejercicios de otros deportes así como las diferentes variantes del método de duración, como son la carrera de cambios, la carrera con obstáculos naturales (polonés), la carrera en colinas, *cross*, etc.; son también excelentes medios para el desarrollo de la resistencia.

El dolor de caballo

¿Qué es el dolor de caballo?

Durante la actividad normal el organismo almacena cierta cantidad de sangre entre los órganos que se encuentran dentro del abdomen (estómago e intestinos) para tomar de ésta las sustancias nutritivas que luego serán llevadas a los músculos.

Durante el ejercicio esa sangre de reserva debe ser transportada rápidamente hacia los músculos al aumentar la intensidad del esfuerzo; los brazos se estiran y presionan la sangre hacia las venas y arterias.

Cuando ésto se hace muy rápido sobreviene el dolor de caballo, debido a que la sangre no puede ser bombeada por el corazón con la rapidez que se requiere, porque los vasos, venas y arterias no tienen la elasticidad, la temperatura ni la dilatación adecuadas.

También como consecuencia de un calentamiento deficiente se pueden presentar dolores en uno o ambos costados del abdomen por encima de las crestas ilíacas cuando la sangre que se encuentra en el hígado no es transportada adecuadamente.

¿Es peligroso el dolor de caballo?

El dolor de caballo no es peligroso, sin embargo ha hecho abandonar a muchos atletas poco inteligentes.

Se pueden evitar estas molestias realizando un buen calentamiento; también si se realiza una respiración profunda, que no corresponda al ritmo de carrera, sin olvidar realizar el aflojamiento de los grupos musculares con carreras suaves o trote.

La flexibilidad - movilidad

¿Qué es la flexibilidad-movilidad?

Es la capacidad del organismo humano para realizar movimientos de gran amplitud en las articulaciones y músculos (movimientos amplios).

¿De que depende la flexibilidad-movilidad?

La flexibilidad-movilidad, depende principalmente de la fuerza muscular y de la elasticidad de músculos, tendones y ligamentos.

Observar los músculos del brazo flexionado y extendido, de tal manera que unos trabajen al extender el brazo y otros al flexionarlo.

Ejercicios de flexibilidad

Ejercicios de flexibilidad-movilidad

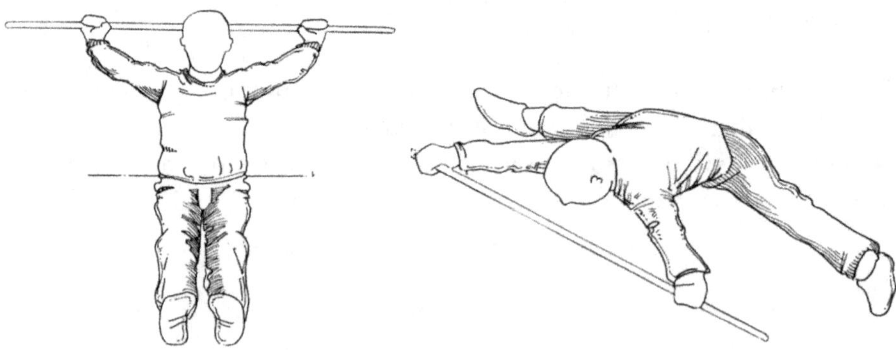

Experimenta lo siguiente

1. Flexiona el tronco hacia el frente antes de entrar en la tina de baño o bañera con agua caliente; después, flexiona el tronco dentro de la tina con agua caliente. ¿Qué sentiste? ¿Qué observaste?

2. ¿Cómo puedes obtener la flexibilidad y el calentamiento necesarios para el entrenamiento y la competencia?

3. Razona por qué los grandes atletas siempre usan sudadera al comenzar su entrenamiento, se los quitan al iniciar su competencia e inmediatamente después de la misma los vuelven a usar.

La amplitud del movimiento que el deportista con muchos esfuerzo realiza, se puede mejorar con la ayuda de un compañero.

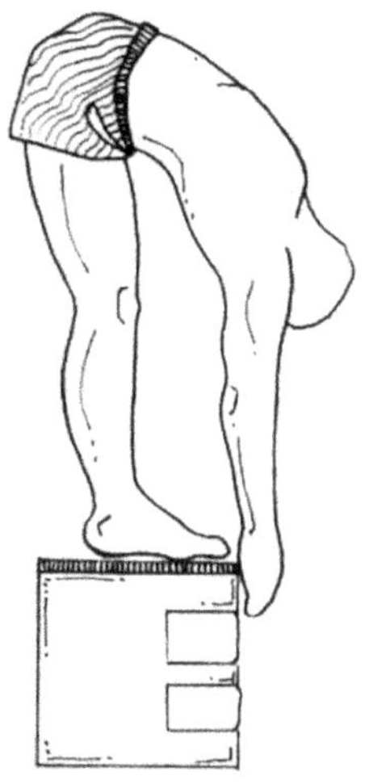

Con poco calentamiento
menor flexibilidad.
(Temperatura corporal
inadecuada)

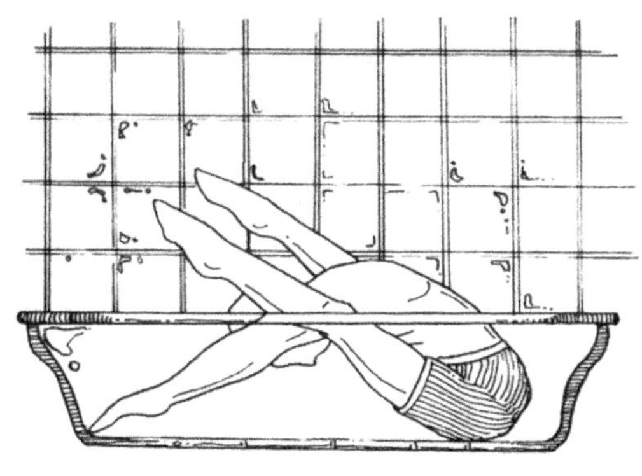

Con mayor calentamiento
mayor flexibilidad.
(Temperatura corporal
adecuada)

La constitución de las articulaciones

La constitución de las articulaciones determina en buena medida las posibilidades de movimiento en los diferentes segmentos corporales. Trabajando fuertemente con los ejercicios de flexibilidad-movilidad se mejora ésta hasta alcanzar la capacidad propia de cada individuo.

El desarrollo de la flexibilidad-movilidad

Para cada deporte o prueba se requiere de determinada forma para la realización del movimiento (técnica) y todo deportista requiere de una buena flexibilidad-movilidad.

El desarrollo de la flexibilidad-movilidad corresponde a la preparación multilateral.

En los deportes en los que la flexibilidad-movilidad tiene mayor importancia, el entrenamiento debe ser con gran volumen (gimnasia, natación, atletismo, etc.)

Investiga qué importancia tiene la flexibilidad-movilidad para tu deporte. Pregunta en qué articulación y en qué dirección es donde se debe mejorar la amplitud del movimiento.

Realiza para tí un programa de ejercicios:

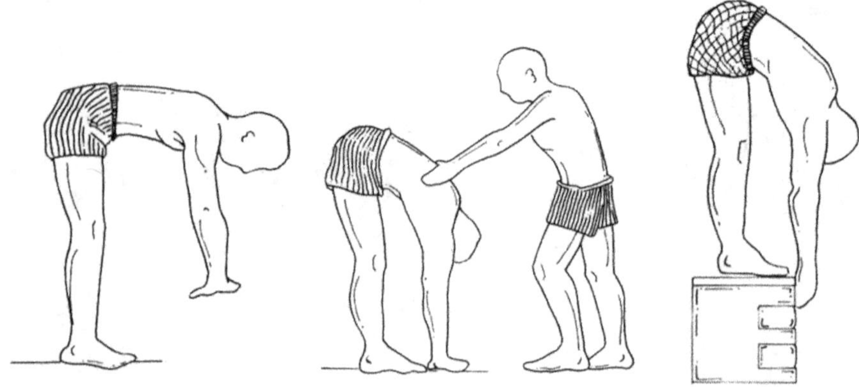

Ejercicios de flexibilidad-movilidad

Se recomienda ordenar progresivamente los ejercicios de flexibilidad-movilidad.

Ejercicios de flexibilidad-movilidad

Entrenamiento de la flexibilidad-movilidad

Debes analizar cuidadosamente antes de realizar los ejercicios, qué es lo que has de desarrollar, porque puedes desarrollar fuerza en lugar de flexibilidad.

Los ejercicios de flexibilidad-movilidad deben repetirse varias veces; realizarlos una sola vez no es suficiente.

Practica en series durante varias veces.

Recomendaciones

1. Realiza el entrenamiento lo más constante posible, porque la flexibilidad-movilidad se pierde rápidamente si entrenas temporalmente.

2. Realiza los ejercicios de flexibilidad-movilidad de tal manera que en forma progresiva tu organismo se adapte hasta llegar a su máxima capacidad (de menos a más).

Selecciona los ejercicios en los cuales el propio peso del cuerpo te ayude (ejemplo *split*), o con la ayuda de un compañero.

Evita lesiones

Durante el entrenamiento de la flexibilidad-movilidad debes ser muy cuidadoso. No necesitas interrumpir el entrenamiento cuando, por ejemplo, realices flexiones del tronco al frente con las piernas separadas.

Este tipo de entrenamiento te ayudará a adquirir fuerza de voluntad, pero también te originará dolores ligeros, que poco a poco soportarás.

El entrenamiento de la flexibilidad-movilidad debe realizarse después del calentamiento, después de un entrenamiento de resistencia o como ejercicio de relajación.

Debes realizar los ejercicios de flexibilidad-movilidad en forma ligera; suelto, relajado y con pausa entre cada ejercicio.

No comenzar con jalones fuertes ni repentinos, sino en forma suave y progresiva.

En la realización de ejercicios con compañeros la fuerza que aplique el compañero debe ser cuidadosa, para que los músculos, tendones, ligamentos y articulaciones no se sobrecarguen ni se lesionen.

Contrólate tú mismo

El estado de la flexibilidad-movilidad debe ser revisado en forma constante.

Con la ayuda de la gráfica correspondiente, podrás controlar adecuadamente tu flexibilidad-movilidad.

Antes de iniciar el entrenamiento de la flexibilidad-movilidad realiza una prueba de la misma; a las cuatro semanas realiza otra y una más a las ocho semanas, etc.

Observa cuánto has mejorado con el entrenamiento, después de uno o dos meses.

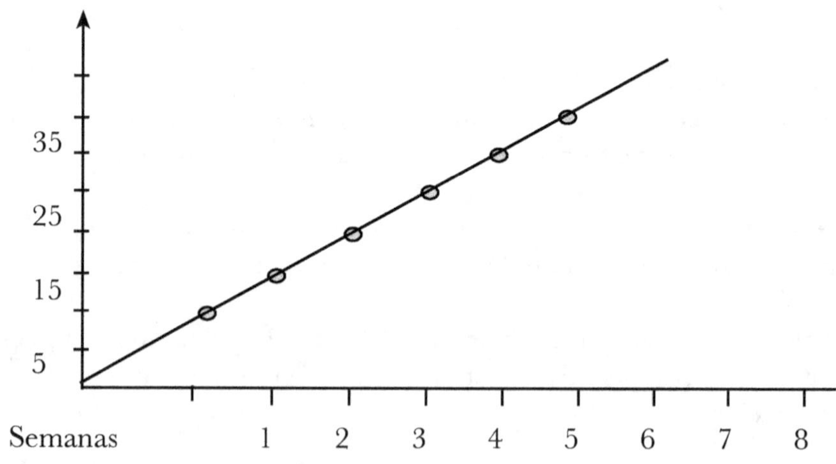

Las cualidades coordinativas

¿Qué son las cualidades coordinativas?

Las cualidades coordinativas son también capacidades motoras o físicas, determinadas en primera instancia por el sistema nervioso en la programación y control del movimiento.
La expresión de estas cualidades se observa principalmente durante el proceso de aprendizaje de la técnica deportiva.
La coordinación es el conjunto de capacidades necesarias para la realización de movimientos difíciles, y también para ejecutarlos con rapidez.
La coordinación es indispensable para cualquier actividad física.

¿De qué dependen las cualidades coordinativas?

La ejecución de los movimientos deportivos es muy difícil. A través de impulsos nerviosos se origina el movimiento en forma coordinada y en determinado tiempo, dependiendo del objetivo por alcanzar. El sistema nervioso central es un conmutador muy complicado que constantemente envía y recibe mensajes durante el proceso de la coordinación.

Los nuevos movimientos se forman con las cualidades ya existentes. Con el entrenamiento se multiplica en forma constante el tesoro del movimiento, por eso el deportista no aprende los nuevos movimientos en forma fácil y rápida, sino que está permanentemente en posibilidad de cambiar y adaptarse a las nuevas condiciones de la competencia, con los movimientos más óptimos para cumplir con el objetivo.

Por ejemplo, en un juego de fútbol el jugador debe adaptarse constantemente a las nuevas exigencias de movimiento. El luchador, en el momento de recibir un ataque por parte de su oponente, debe contraatacar lo más rápido posible.

Todo deportista debe ser capaz de realizar en la forma más conveniente los movimientos con ayuda de los órganos de los sentidos y, en lo posible, corregir, cambiar y adaptar el movimiento de acuerdo a las necesidades y al objetivo por alcanzar.

Observa los movimientos de realización (técnica) en el salto de longitud y compáralos con los ejecutados por otro deportista.

La coordinación: Las cualidades que integran la coordinación están presentes en todo movimiento, a veces unas más que otras.

El equilibrio: Es el estado de un cuerpo en el que la suma de las fuerzas y momentos que actúan sobre el mismo es cero, pues éstas se contrarrestan entre sí.

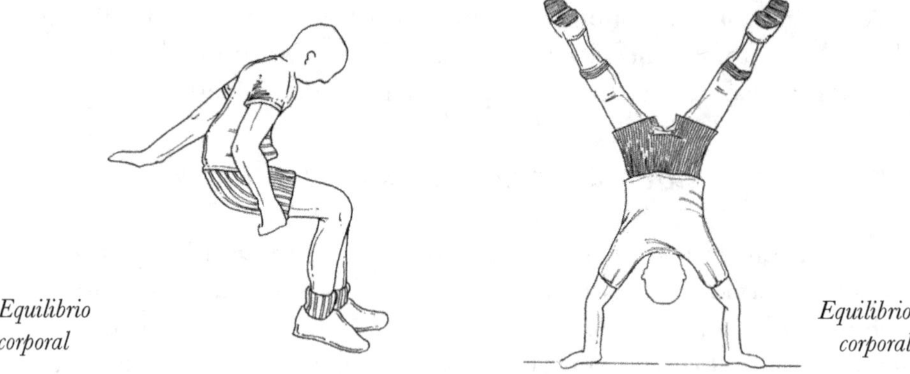

Equilibrio corporal

Equilibrio corporal

La reacción: Consiste en responder a un estímulo conocido o desconocido en el mínimo tiempo posible (tacto, oído y vista).

Salida con block

Salida de pie

El ritmo: Todo movimiento tiene un ritmo de acuerdo al objetivo por alcanzar. El ritmo es un proceso en el cual se divide el tiempo en que se realizan o se ejecutan los movimientos físicos hacia una tarea u objetivo determinado.

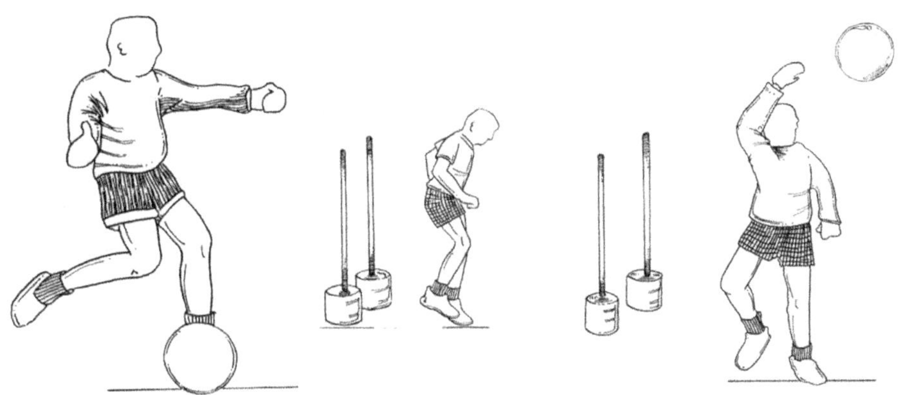

La diferenciación: En este caso, es la coordinación muscular óptima para que con el movimiento se alcance la meta.

Es la acción y efecto de diferencia o diferenciarse, es decir, es el orden en que deben trabajar los músculos agonistas y antagonistas.

*Habilidad para meter
la pelota en la canasta*

*Habilidad para
realizar el cambio*

Las cualidades coordinativas están presentes en todo movimiento y todas ellas integran la coordinación.

La sincronización: Transmitir la fuerza del pie al tobillo, del tobillo a la rodilla, de ésta a la cadera, de la cadera al tronco, del tronco a los brazos y la cabeza al empujar, lanzar, saltar, etc., como una cadena en movimiento.

La orientación: Ubicarse en el espacio para girar, lanzar a la canasta y en el resorte de brazos.

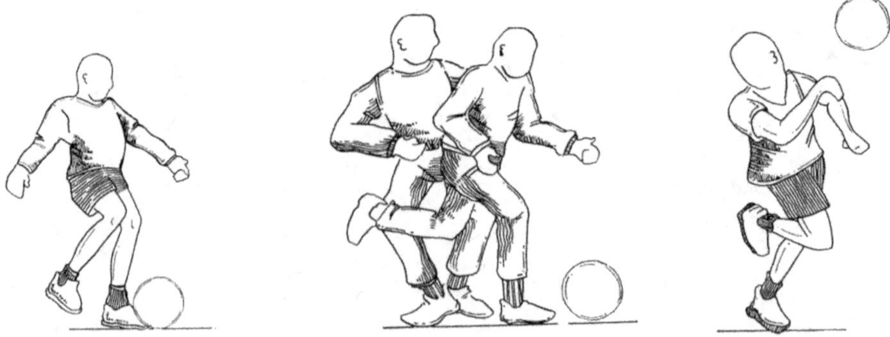

La capacidad de adaptación al movimiento. Es la capacidad para realizar movimientos difíciles y adaptarse lo más rápido posible a otro movimiento.

El desarrollo de las cualidades coordinativas

Los seres humanos con cualidades coordinativas más desarrolladas son, por lo general, los que mayor éxito obtienen en el deporte.

Todo deportista debe mejorar las cualidades coordinativas a través de una preparación multilateral (muchos ejercicios diferentes).

También en cada deporte existen ejercicios específicos para desarrollar las cualidades coordinativas especiales. Por ejemplo, en deportes de pelota se pueden realizar ejercicios con balón.

Investiga qué importancia tienen las cualidades coordinativas par el rendimiento deportivo en tú especialidad. Selecciona los ejercicios para mejorar las cualidades coordinativas e investiga cómo los puedes combinar.

Prepara previamente tu programa de ejercicios para mejorar las cualidades coordinativas.

Recuerda que realizar una sola vez los ejercicios para mejorar las cualidades coordinativas no es suficiente; debes repetirlos muchas veces y en forma constante.

Este aspecto es muy importante sobre todo si practicas un deporte, porque las cualidades coordinativas determinan la calidad del movimiento.

Reglas para entrenar la coordinación

1. Realiza los ejercicios de coordinación tan rápido como te sea posible, haciendo una pausa entre los ejercicios cuando sientas que estás cansado.

2. En la unidad de entrenamiento los ejercicios de coordinación ocupan un lugar muy importante, sobre todo en la parte principal del entrenamiento, después de los ejercicios flexibilidad-movilidad.

3.   Escoge siempre los ejercicios más difíciles para el entrenamiento y reflexiona cómo puedes aumentar el grado de dificultad para su realización.

4.   Sé cuidadoso al escoger los ejercicios de coordinación y con el correr del tiempo debes aumentar tu repertorio, escogiendo los más adecuados.

5.   Establece tus cualidades coordinativas en la gráfica de la coordinación.

6.   Investiga cuáles son los ejercicios más adecuados para mejorar las cualidades coordinativas. Por ejemplo, para un futbolista pueden ser ejercicios con el balón de fútbol.

Las cualidades coordinativas en el deporte

Atletismo: Capacidad de reacción, de ritmo, capacidad de diferenciación, capacidad de equilibrio y capacidad de orientación. (Schroter, 1976).

Gimnasia Olímpica: Capacidad de equilibrio, orientación, sincronización, de ritmo y capacidad de diferenciación (Nicklisch / Zimmermann, 1981).

Natación: Capacidad de sincronización, de diferenciación, de ritmo, de equilibrio, capacidad de orientación (espacio, dirección, distancia) por Schnabel y Botcher, 1983).

Fútbol: Capacidad de orientación (espacio, direcciones, distancias, velocidades), capacidad de adaptación (anticipación, es decir, capacidad de cambiar de un movimiento a otro con seguridad), capacidad de diferenciación y reacción (Zimmermann y Meier, 1983).

Voleibol: Capacidad de orientación (visual), capacidad de reacción, capacidad de sincronización y capacidad de diferenciación (Brandt, 1979; Zimmermann, 1982).

Basquetbol: Capacidad de reacción, sincronización, velocidad para asimilar más información, capacidad de diferenciación (relajación y soltura de los músculos agonistas y antagonistas) Schubert, 1977. Pero principalmente la capacidad de adaptación.

Beisbol: Capacidad de sincronización, capacidad de diferenciación, capacidad de orientación y capacidad de adaptación.

Hand ball: Capacidad de reacción, capacidad de adaptación (cambiar de un movimiento a otro), capacidad de orientación y diferenciación (Nicklisch / Zimmermann, 1982).

Las diferentes pruebas o movimientos de cada deporte pueden desarrollar y estimular a cada una de las capacidades coordinativas, y en algunos casos también a las capacidades condicionales, aunque a veces predomina la sensación de la distancia, el tiempo regulado, el sentimiento por la pelota, por el agua, el viento, etc.

Las facultades mentales

Por lo general se piensa que en el deporte sólo los músculos se utilizan, que no se piensa al realizar un ejercicio, olvidando que los impulsos al músculo se originan en el cerebro, y que todo movimiento deportivo es complicado por los diferentes estímulos que envía el cerebro a través de los órganos de los sentidos.

Cada competencia tiene situaciones inesperadas en las que se puede comprobar si el deportista tiene las dificultades mentales necesarias para enfrentarlas con valor y decisión, aún cuando parezca que la batalla está perdida, utilizando algunas variantes que le permitan neutralizar el plan táctico del adversario, ya que si se utiliza un plan inteligente en la mayoría de los casos se obtiene la victoria.

Recomendamos a todo deportista observar las reuniones deportivas y discutir las decisiones en forma activa, y utilizar cada unidad de entrenamiento para desarrollar las facultades mentales.

Además, es recomendable practicar juegos creativos y actividades que facilitan el desarrollo de las mencionadas facultades mentales.

Recomendaciones:

1. Aprende a observarte a tí mismo y a otros deportistas.
2. Aprende a conocerte y a relajarte.

3.   Aprende a dirigir y a hacer combinaciones.
4.   Ejercítate para reconocer tus errores y obsérvate
5.   Utiliza los conocimientos científicos para tu desarrollo deportivo.

No seas un atleta que realice sólo durante los entrenamientos buenas marcas o tiempos, sino también durante las competencias.
Observar correctamente no es fácil, ver todo con claridad tampoco, por eso hay que prepararse para hacerlo en forma organizada.

Las observaciones son muchas más exactas cuando los tres centros nerviosos trabajan en forma coordinada.

Las percepciones de movimiento

El oído es muy sensible a las ondas sonoras, por eso a través de éste escuchamos ruidos, tonos y voces.

Por ejemplo, cuando los patinadores se deslizan por el hielo se puede escuchar el ruido que producen, de manera que el patinador sabe a qué distancia viene el perseguidor.

En las carreras de resistencia se puede escuchar la respiración de los otros corredores; en las pruebas de natación el sonido del cuerpo al rozar con el agua, etc.

Se dice que en los deportes de pelota los deportistas, estando de espaldas, saben donde está la portería, la red, la canasta o el contrario.

El sonido o la música te pueden ayudar para entrenar el ritmo de los pasos al caminar o la frecuencia cardíaca.

Sin música no sería posible realizar la gimnasia rítmica. Esfuérzate para captar las percepciones acústicas con la sensibilidad por el movimiento.

Estimula el impulso en el movimiento con palabras rítmicas.

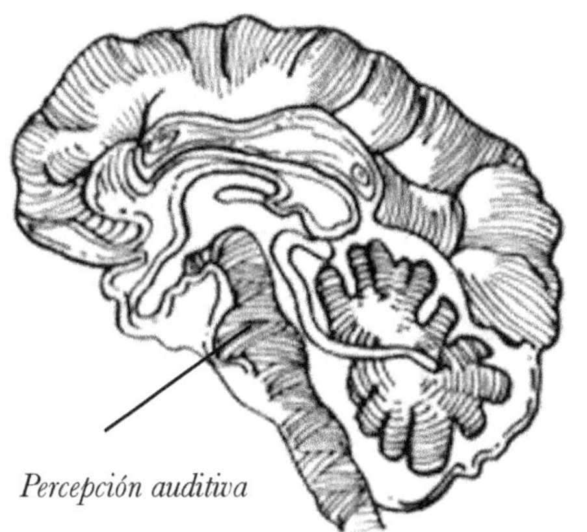

Por medio de las percepciones acústicas y óptimas los movimientos son originados o calculados.

Reproduce mentalmente el movimiento a realizar sin hacer ningún movimiento con tu cuerpo, sino sólo con la mente. Además, reprodúcelo verbalmente.

Realiza el movimiento en forma consciente, ya que para la técnica deportiva se requieren concepciones claras del movimiento.

Las percepciones ópticas del movimiento

Los ojos reflejan en nuestra conciencia lo que nos rodea, razón por la cual los órganos de los sentidos tiene gran importancia. A través de los ojos podemos captar varias partes como pequeñas fotos y podemos darles diferentes interpretaciones.

Investiga la importancia que tiene las percepciones óptimas en tu disciplina o deporte.

Observa los errores o fallas más comunes en tus amigos deportistas y ayúdales a corregirlos.

Una cámara fotográfica o unos binoculares te ayudarán a educar tus ojos para la observación.

La concentración

Un deportista debe ser capaz de realizar sus movimientos sin permitir que los ruidos o estímulos del exterior lo desconcentren.

Mientras más cerca está la competencia, más fuerte debe ser la concentración sobre la tarea a realizar. Los aplausos de los espectadores o las preocupaciones personales no se deben contemplar en esos momentos.

Los rayos luminosos de una lámpara opaca por falta de energía por estar conectada a una batería de bajo voltaje, son comparables a la poca energía que utilizas para tu concentración, porque en estas circunstancias tu fuerza de voluntad es tan poca que resulta punto menos que visible.

Por supuesto no siempre te hallarás en este caso, ya que por ejemplo en fútbol la concentración obliga a poner atención sobre muchos puntos al mismo tiempo, según la posición que se juegue.

La capacidad de concentración depende de la maduración de los órganos de los sentidos, por lo tanto, debe perfeccionarse constantemente.

La concentración de las acciones deportivas

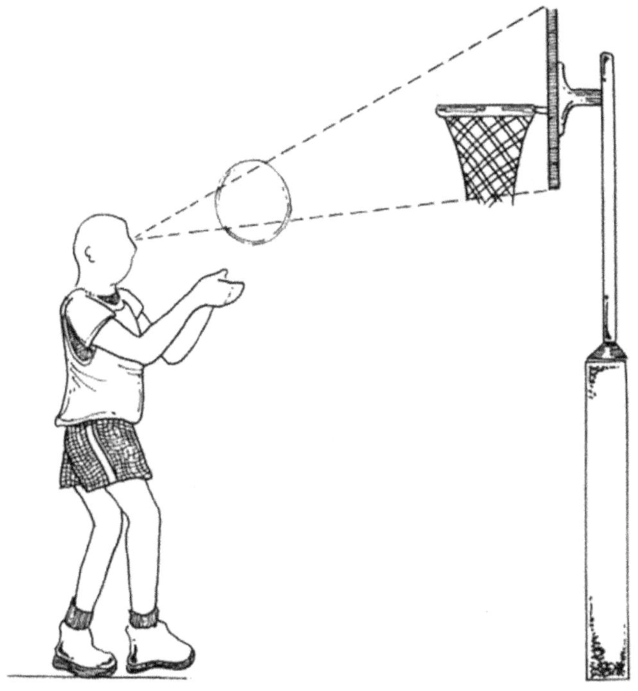

La relajación

La concentración y la relajación están unidas en forma muy estrecha. Quien antes de la competencia logre relajarse más puede, al inicio y durante la competencia, cometer menos errores. ¿Qué errores y fallas has observado en tu deporte o disciplina? Todo deportista debe aprender a relajarse en las diferentes situaciones de la vida, nos solamente en el deporte.

Método de relajación a través de la respiración de adbomen

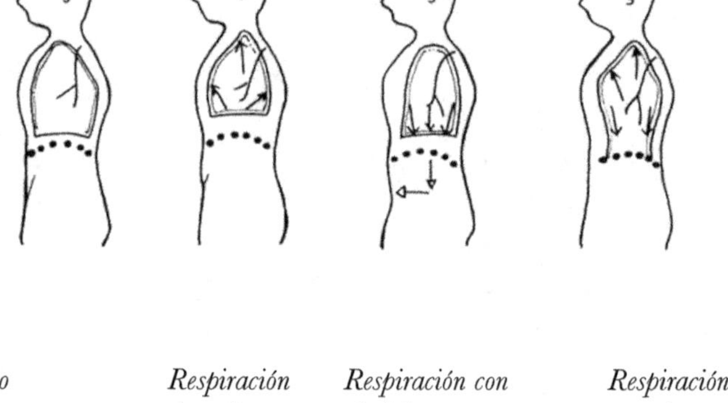

1. Después de haber realizado los ejercicio de calentamiento y soltura, sentado o acostado.

2. Con los ojos cerrados, respira por al nariz de tal manera que los órganos del abdomen, a través del diafragma, sean presionados hacia abajo en forma paulatina. Observa que la caja toráxica no se eleve, por que entonces se convertirá en respiración de pecho o toráxica.

3. Expulsa lentamente el aire por la boca, con los ojos cerrados y en relajación. Realiza a continuación el movimiento de los órganos internos, los cuales enviarán al cerebro una nueva excitación y con ello se eliminará el otro estímulo.

Nosotros repetimos varias veces con la excitación algunos ejercicios de relajación.

Capítulo 6

Técnicas y táctica deportivas

√ La técnica deportiva
√ La técnica en relevos
√ La técnica en vallas
√ La técnica en clavados
√ La técnica en natación
√ La táctica deportiva

Al nacer, los seres humanos heredamos nuestras capacidades físicas o corporales, y de acuerdo al medio ambiente y los recursos las podemos perfeccionar en mayor o menor medida, aún cuando sabemos que cada deporte tiene sus propios movimientos, o mejor dicho, su técnica.

Es un hecho ampliamente conocido que en unos deportes se necesitan más capacidades que en otros. Dicho de otra manera, las capacidades corporales o físicas se desarrollan según las exigencias de cada deporte. En primer término situamos a las capacidades físicas o corporales, y en segundo término a la técnica y la táctica, ya que éstas son las armas necesarias para desarrollar un óptimo rendimiento deportivo.

Además, cada deporte o disciplina deportiva tiene su propia técnica y su propia táctica, por eso es que en este libro no nos ocupamos de los aspectos técnico – tácticos de cada especialidad.

1.   *Bases para aprende la técnica.*
2.   *Bases para aprender la táctica.*

Sin una técnica correcta y sin una táctica inteligente, no se puede ganar en una competencia. Así mismo, sin un buen desarrollo de las capacidades corporales físicas (motoras) no se puede aprender la técnica correctamente. Igualmente sin el desarrollo de las facultades mentales no se puede desarrollar con una buena táctica, por que todo junto da como resultado el rendimiento deportivo.

La técnica deportiva

¿Qué entendemos por técnica deportiva?

Por técnica deportiva entendemos lo siguiente:

1.   En la actualidad los movimientos deportivos en cada prueba o deporte ya tienen un orden de competencia establecido, es decir, ya está estipulado lo permitido para alcanzar el deporte de alto rendimiento (deporte reglamentado).

2.   Cuando la capacidad de un deportista se manifiesta al ejecutar los ejercicios de competencia con seguridad, exactitud y sincronización, se dice: *El competidor tiene buena técnica* o *El competidor domina la técnica.*

La técnica en el deporte son los movimientos naturales del ser humano basados en la biomecánica deportiva.

La técnica en los relevos

La técnica en vallas

En la realización de todo movimiento técnico las cualidades coordinativas como la sincronización, el ritmo y la capacidad de diferenciación tienen gran importancia.

Los movimientos acíclicos tienen tres fases: la fase inicial, la fase principal y la fase final, razón por la cual se deben seleccionar ejercicios especiales para desarrollar y perfeccionar cada una de las cualidades necesarias para mejorar la técnica.

La técnica del tiro libre en basquetbol

Fase inicial

Fase inicial. Desde que se hace toda la preparación hasta que se lleva la pelota hacia arriba, se inicia la extensión de las piernas elevando el cuerpo sobre la punta de los pies.

Fase principal: Desde que comienza a subir el cuerpo transmitiendo la fuerza de los pies al tobillo, del tobillo a la rodilla, de la rodilla a la cadera, de la cadera al tronco, del tronco al brazo (hombro, codo y muñeca) hasta que los dedos dejan de tocar la pelota.

Fase principal

Fase final: Desde el momento en que la pelota deja de tocar los dedos de lanzados hasta que ésta entra en la canasta.

Fase final.

La técnica en clavados

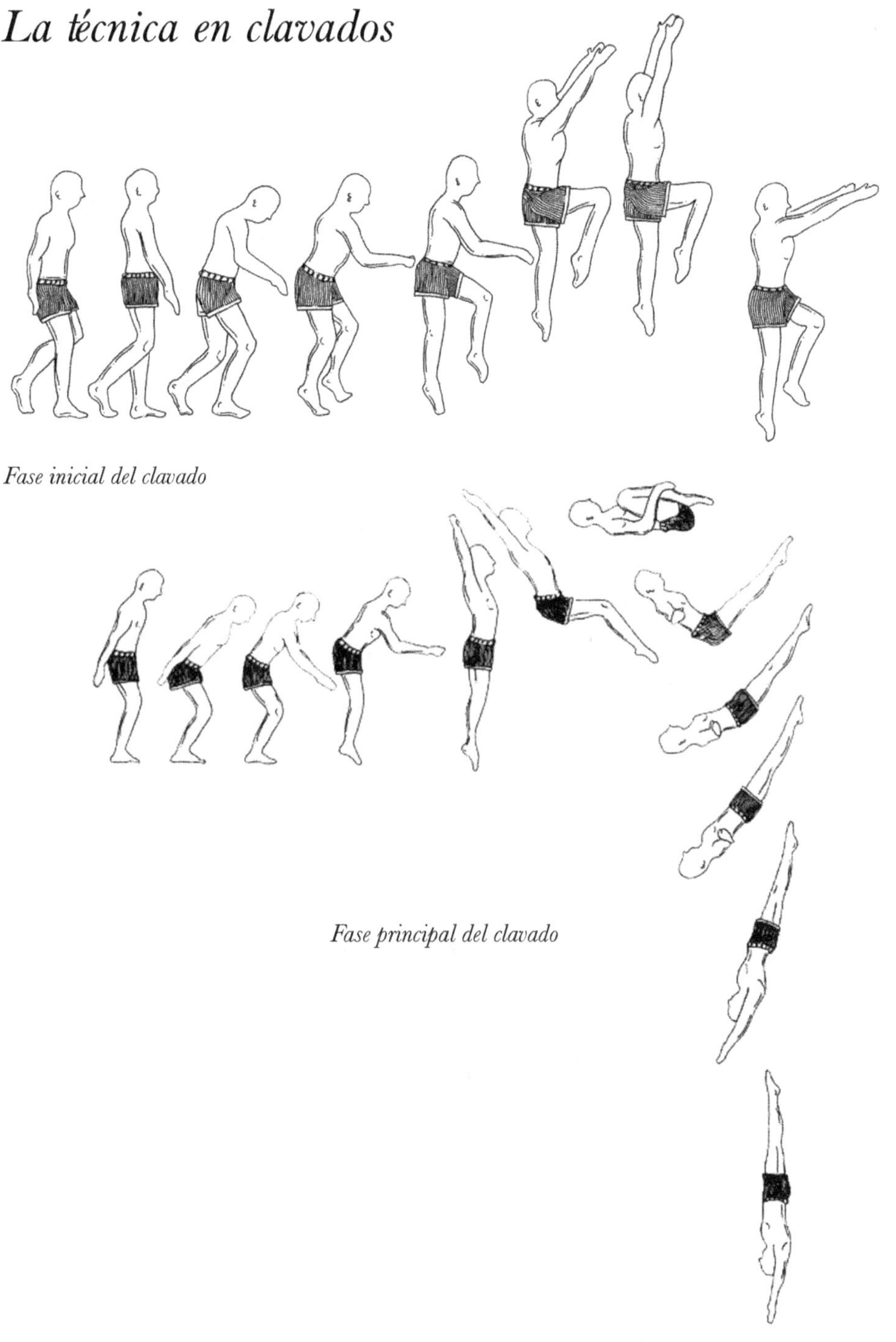

Fase inicial del clavado

Fase principal del clavado

Fase final

La técnica en natación

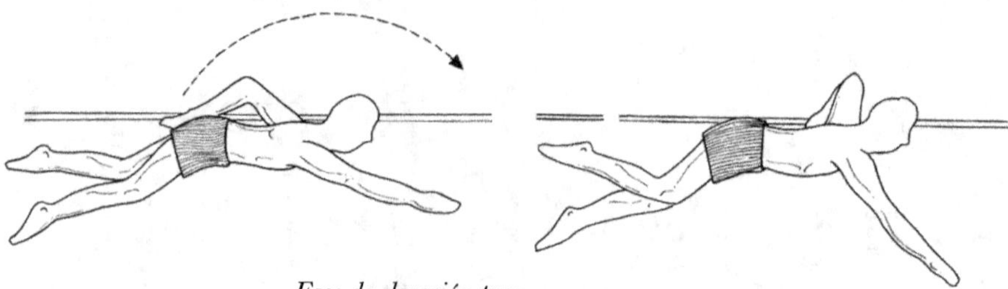

Fase de elevación trasera del brazo izquierdo

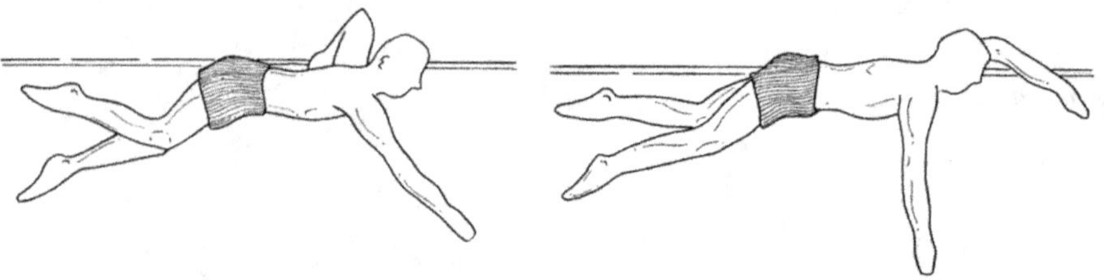

Fase de elevación delantera del brazo izquierdo

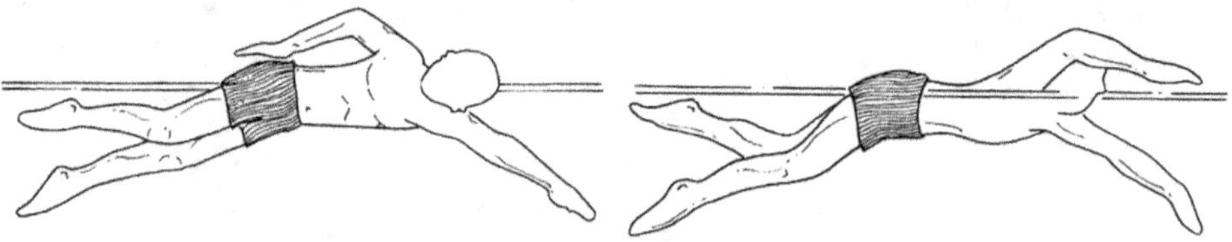

Fase principal del brazo izquierdo

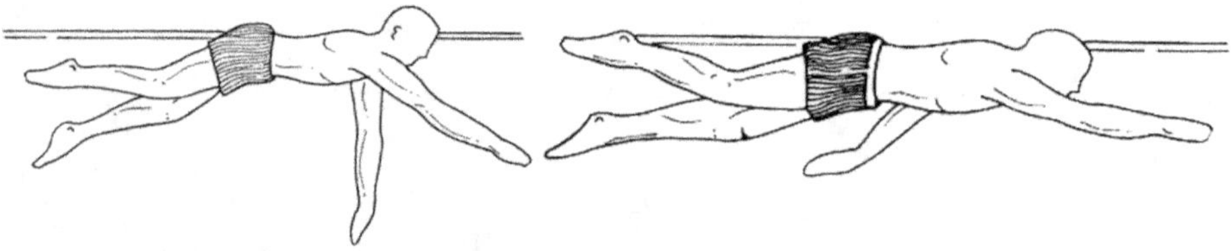

Fase final del brazo izquierdo

La táctica deportiva

¿Qué entendemos por táctica deportiva?

Por táctica deportiva entendemos lo siguiente:

1. Las enseñanzas para conseguir el éxito en el deporte.

2. La capacidad del deportista y su entrenador para emplear y combinar los elementos de la técnica, de tal manera que se tengan las mayores posibilidades para ganar una competencia.

La táctica es también la capacidad del deportista para analizar sus habilidades y fallas, así como las del contrario para contrarrestarlas y sacar ventaja de ello.

La táctica en los deportes de pelota o de conjunto es diferente a los deportes de combate, y por supuesto para las pruebas individuales.

Se dice que el mejor juego para comprender lo que es la técnica y la táctica es el juego de ajedrez, porque las reglas ya establecidas para los movimientos de cada pieza son la técnica que todo jugador debe conocer; la forma en que el jugador pueda combinar una pieza con otra para neutralizar o aniquilar al contrario corresponde a la táctica, misma que se puede aprender, al igual que la técnica.

Dos métodos para aprender la táctica deportiva

En cada deporte o prueba ya están determinadas las reglas y las formas de competencia, que el deportista debe conocer muy bien y de lo cual depende para aplicar los dos métodos de la táctica. Sin un corredor en una pista de atletismo empuja en forma arbitraria a otro competidor será descalificado; en fútbol ese empujón está permitido; en basquetbol es castigado y en la mayoría de las veces el jugador saldrá del partido. A pesar de esto, se debe observar y ensayar sólo lo que sí está permitido, para que nos ayude a triunfar.

Capítulo 7

La evaluación

Tests físico-deportivos

¿Qué son los tests físico-deportivos?

Los tests físico–deportivos son un conjunto de métodos pedagógicos que nos permiten conocer el grado de aptitud físico–deportiva que guarda un individuo en un momento determinado. También nos sirven para controlar el proceso de entrenamiento de un atleta, para constatar la eficiencia de los sistemas de entrenamiento, así como para comprobar el progreso que van experimentando nuestros atletas.

Sabemos que la actividad físico–deportiva es muy amplia y variada, y que los éxitos y las hazañas sólo son alcanzados por un grupo muy reducido de personas poseedoras de cualidades específicas que les permiten un mejor desenvolvimiento en determinado deporte o prueba, todo ello complementado con una sólida preparación realizada a través de muchos años de trabajo y perseverancia, usando los conocimientos científicos y a la evaluación como medio para verificar el avance logrado.

Para que los resultados obtenidos con la aplicación de las pruebas sean más confiables, es recomendable se preste especial atención a los siguientes aspectos:

- Usar los mismo criterios en la aplicación de las pruebas a diferentes sujetos.

- Usar las mismas normas o reglas en la aplicación de las pruebas.

- Usar los mismos implementos (aparatos, materiales, etc.)

- Cuidar de que las pruebas se realicen a una misma hora del día y bajo las mismas condiciones ambientales (lluvia, frío, calor, etc.)

- Cuidar de las pruebas sea aplicadas por la o las mismas personas y bajo los mismos criterios para todos los examinados.

Cada prueba puede ser explicada ampliamente por el examinador y demostrada prácticamente. Incluso se pueden permitir uno o dos ensayos antes de realizar la prueba a cuantificar, con el fin de brindar al examinador la posibilidad de expresar su máximo rendimiento en la realización de la prueba.

A continuación se describen las 10 pruebas que nos servirán para autocontrol y con las cuales podemos evaluar todas y cada una de las partes de nuestro cuerpo.

Antes de aplicar estas pruebas se recomienda observar la gráfica de la página 85, en la que se resumen los factores internos y externos que se deben controlar para que pueda haber un buen rendimiento en la prueba o deporte, porque todos ellos afectan en forma directa o indirecta el rendimiento deportivo.

Las pruebas que a continuación se describen son recomendables para realizar una evaluación de la aptitud física general.

Test (pruebas) de aptitud física general

1. 30 metros para niños menores de 10 años, y 60 metros para niños mayores de 10 años.
2. Salto vertical.
3. Flexibilidad–movilidad.
4. Slálom.

5.   Salto sin impulso.
6.   Triple salto.
7.   Lagartijas.
8.   Dorsales.
9.   Abdominales.
10.   Coordinación (zig-zag).
11.   300 metros de resistencia.

Las tablas que aquí se incluyen fueron preparadas con base en el trabajo realizado con más de 1.500 niños de la Escuela Primaria Carlos Marx y también al trabajo realizado con 12 Campeones Nacionales de los Juegos Infantiles y Juveniles de los Juegos Escolares. Lo ideal serían unas tablas para cada año de vida.

Tests específicos para niños de 10 a 13 años

Lanzamientos

1.   30 metros de pie.
2.   35 metros lanzados ó 15 metros.
3.   15 metros slálom.
4.   60 metros de pie.
5.   Salto sin impulso.
6.   Salto vertical.
7.   Salto triple.
8.   Lanzamiento de pelota sin impulso (solo la fase principal), de bala y de disco.
9.   Lanzamiento de bala hacia atrás.
10.   Lanzamiento de bala al frente.
11.   150 metros planos.

Resistencia

1.   Salto vertical.
2.   30 metros de pie.
3.   25 metros lanzados.
4.   Salto sin impulso.
5.   Triple salto.
6.   60 metros de pie.
7.   600 metros de pie.

8. 300 metros planos.
9. Lanzamiento de bala hacia atrás.
10. Lanzamiento de bala al frente.
11. Quíntuple salto.

Velocidad

1. 20 metros de yogui (elevación de la rodilla a 30 grados).
2. 20 metros de pie.
3. 20 metros lanzados.
4. 30 metros de pie.
5. 25 metros lanzados.
6. Salto sin impulso.
7. Triple salto.
8. Salto vertical.
9. 30 metros con vallas.
10. Lanzamiento de bala hacia atrás.
11. Lanzamiento de bala hacia el frente.

Test de saltos

1. 30 metros de pie.
2. 25 metros lanzados.
3. Salto sin impulso.
4. Triple salto.
5. 60 metros de pie.
6. Longitud con 7 pasos.
7. Altura con 5 pasos.
8. Salto vertical.
9. Lanzamiento de bala al frente.
10. Lanzamiento de bala hacia atrás.
11. 150 metros.

Test (evaluación) especial de lanzamientos

Puñso en reposo	Prueba	Salto			30 mts. de pie	25 mts. lanzados	15 mts. slalon	60 mts. de pie	Triple salto		Salto sin impulso	Bala de espalda	Bala de frente	150 mts.	Fase principal de pelota		Fase principal de disco	Fase principal de jabalina
	Nombre / Descripción	De pie	Salto	Dif. en cms.	Segundos	Segundos	Segundos	Segundos	Izquierda	Derecha	Metros	Metros	Metros	Segundos	Metros	Metros	Metros	Metros

Test (evaluación) especial de resistencia

Prueba	Salto vertical			30 mts. de pie	25 mts. lanzados	15 mts. de slalon	60 mts. de pie	Triple salto		Salto sin impulso	Bala de espalda	Bala de frente	Quíntuple salto		
Nombre / Descripción	De pie	Salto	Dif. en cms.	Segundos	Segundos	Segundos	Segundos	Izquierda	Derecha	Metros	Metros	Metros	Izquierda	Derecha	Tiempo

Test (evaluación) especial de velocidad

Prueba	Descripción	Nombre
Salto vertical	De pie	
	Salto	
	Dif. en cms.	
20 mts. de Yogui	Número	
2o mts. de pie	Segundos	
15 mts. lanzados	Segundos	
60 mts. de pie	Segundos	
25 mts. lanzados	Segundos	
30 mts. con vallas	Segundos	
Triple salto	Izquierda	
	Derecha	
Salto sin impulso	Metros	
60 mts. de pie	Segundos	
Bala de espalda	Metros	
Bala de frente	Metros	
Puñso en reposo		

Puñso en reposo	Prueba	Salto vertical			20 mts. de pie	20 mts. lanzados	30 mts. de pie	25 mts. lanzados	60 mts. de pie	Triple salto		Salto sin impulso	Logitud 7 pasos	Logitud 5 pasos	Bala de espalda	Bala de frente	150 mts.
	Descripción / Nombre	De pie	Salto	Dif. en cms.	Segundos	Segundos	Segundos	Segundos		Izquierda	Derecha	Metros	Metros	Metros	Metros	Metros	Metros

Test (evaluación) especial de saltos

Test de salto vertical

Mide: La fuerza rápida.

El examinado se sitúa frente a una pared, extiende ambos brazos por encima de la cabeza y marca con las yemas de los dedos medios la máxima altura que pueda alcanzar. Los pies deben colocarse a un mismo nivel en dirección a los hombros. Luego, se coloca de costado a la pared con los pies bien asentados en el piso, flexiona las piernas y salta para hacer una marca en la pared con el dedo medio de la mano más próxima a la pared a la mayor altura posible. Se mide la distancia existente entre las alturas alcanzadas en la posición de pie y la posición de salto; se saca la diferencia en centímetros.

Cada examinado dispondrá de dos intentos, de los cuales se cuantificará el mejor. Es conveniente realizar un calentamiento y brindar una explicación previa a la realización de la prueba.

Esta prueba se puede aplicar a niños, jóvenes y adultos.
El error más común es cuando se realiza un salto como preimpulso.

Test de flexibilidad-movilidad

Mide: La flexibilidad-movilidad del tronco.

El examinado se sitúa de pie, con los pies juntos sobre un banco o escalón y por atrás del medidor, coloca las puntas de los pies al ras con el borde del banco.

Sin flexionar las piernas, el examinado flexiona al máximo el tronco y con ambas manos en forma continua desliza los dedos sobre la regla graduada que tendrá el nivel o medida cero por encima de la superficie del cajón; cuando ya no pueda empujar más permanecerá en esa posición durante dos segundos luego regresará a la posición de pie, con lo cual finalizará la prueba.

Se registra el valor alcanzado en la posición extrema.

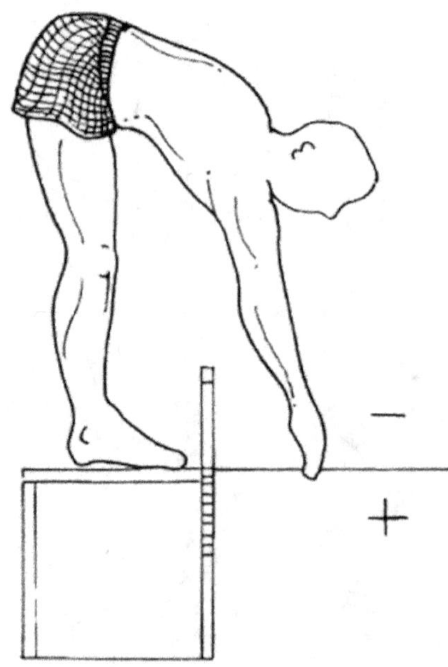

Si el cursor se halla por encima del punto cero, se pone cero; es decir; cuando el cursor quede por encima de la altura de los pies se pone un valor negativo; en caso contrario se pone un valor positivo.

Test de abdominales

Mide: La fuerza rápida de los músculos abdominales principalmente.

El examinado se sitúa en posición sentado, con las piernas flexionadas y las manos apoyadas sobre la nuca (posición "A"). A partir de esta posición inicia el descenso del tronco hasta alcanzar la posición "B" para luego regresar a la posición "A", con lo cual habrá realizado una flexión o abdominal completa.

El examinador explicará y demostrará ampliamente el ejercicio antes de ser aplicado al examinado.

Esta prueba puede realizarse por parejas: el examinado realiza el ejercicio y el ayudante cuenta el número de ejercicios completos.

Se cuantifica el mayor número de abdominales realizadas en un tiempo de 30 segundos.

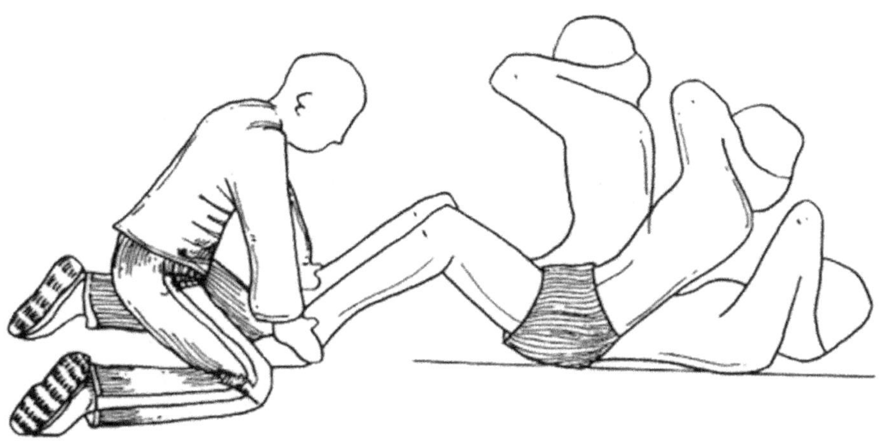

Esta prueba se puede aplicar a niños, jóvenes y adultos.
El error más común es que el examinado no llegue a la vertical (posición "A"), o que tampoco llegue a la posición "B".

Test de salto sin impulso

Mide: La fuerza rápida de miembros inferiores.

Colocar al examinado en la posición de pie cero de la línea de despegue, con las piernas flexionadas.

Al momento de realizar el impulso, los brazos se desplazan hacia atrás para realizar con más fuerza el movimiento.

La caída debe ser con los dos pies tratando de ganar la mayor distancia posible, como se ilustra en el dibujo.

Se mide la distancia existente entre la línea de salida y la huella que dejan los talones.

La explicación de la prueba se realiza en la fosa de saltos (con arena).

Recomendaciones: La caída debe ser con las dos piernas y no se deben apoyar las manos atrás ni tampoco se debe caer de nalgas.

La cinta métrica debe colocarse a 90 grados con respecto a la tabla de despegue al momento de tomar la medida.

Test de triple salto

Mide: La fuerza rápida de miembros inferiores.

El examinado se sitúa frente a la línea de despegue con las rodillas flexiona-das. Al momento de realizar el primer salto desplaza los brazos hacia atrás para aprovechar el impulso de éstos en la realización del salto.

La caída, el segundo y tercer saltos, se realizan con la misma pierna; la caída final se hace sobre las dos piernas buscando alcanzar la mayor distancia posible.

Recomendaciones: Es necesario realizar previamente algunos ensayos, ya que para la realización de esta prueba se requiere de una gran coordinación del movimiento.

La caída debe ser con las dos piernas y no deben apoyarse las manos atrás ni tampoco caer con las nalgas.

Se mide la distancia existente entre la línea de salida y la huella que dejan los talones al caer.

Al explicar la prueba es conveniente hacerlo prácticamente.

La cinta médica se debe colocar a 90 grados con respecto a la línea de despegue al momento de tomar la medida (como se mide en los saltos).

Test de lagartijas

Mide: La fuerza rápida de los brazos principalmente.

Colocar al examinado en la posición de cúbito ventral (boca abajo), con el cuerpo sobre cuatro apoyos (las palmas de las manos y la punta de los pies).

Todo el cuerpo debe formar una línea recta sobre el eje longitudinal.
La prueba consiste en realizar el mayor número posible de elevaciones (flexión y extensión de los brazos) en un tiempo de 30 segundos.

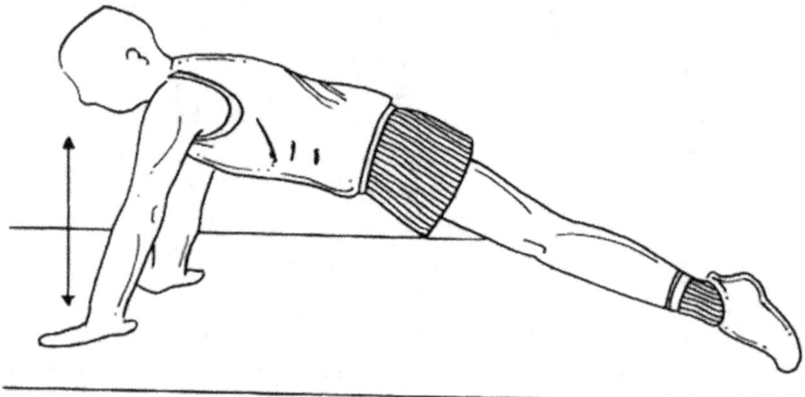

Recomendaciones: El error más común al realizar esta prueba es cuando el examinado no forma una línea recta con el eje longitudinal del cuerpo, sino que levanta demasiado la cadera y acorta el eje longitudinal.

El cuerpo debe descender demasiado hasta la altura de los codos para que sea válido el ejercicio.

Test de dorsales

Mide: La fuerza rápida de los músculos dorsales (espalda).

El examinado se sitúa en la posición de cúbito ventral (figura punteada).

La prueba consiste en levantar las piernas y el tronco al mismo tiempo; los brazos van extendidos hacia el frente.

Se cuantifica el mayor número de elevaciones o contracciones realizadas en un tiempo de 30 segundos.

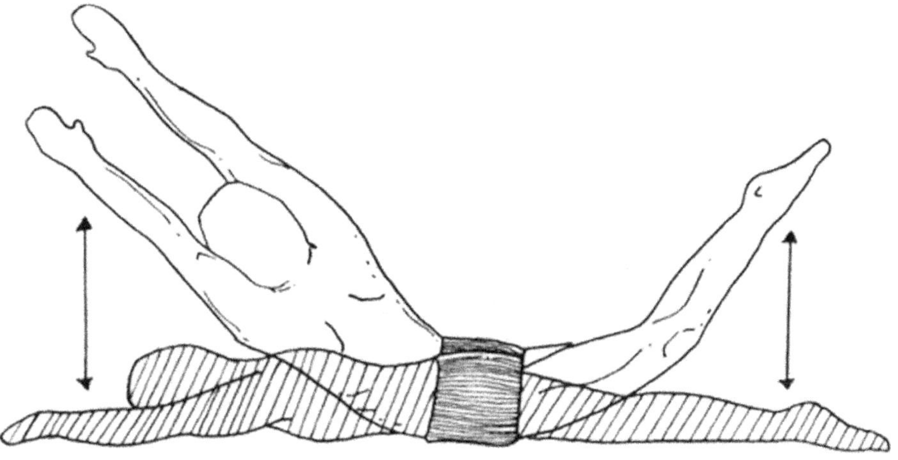

Recomendaciones: El examinado debe levantar las piernas, el tronco y los brazos al mismo tiempo.

Se considerará mal realizado el ejercicio si solo levanta el tronco y no las piernas, o si por ejemplo levanta las piernas y el tronco no, y también si solo levanta los brazos.

Test de coordinación general

Mide: Las cualidades coordinativas generales.

El examinado se sitúa en la posición de pie, a 3 metros de la primera bandera (1); el examinado dará la voz de salida y tomará el tiempo.

El examinado realizará una vuelta completa alrededor de la bandera número 1, seguirá hacia la bandera número 2 (en el centro); le dará una vuelta completa y luego se dirigirá a la bandera número 3; le dará una vuelta completa y regresará nuevamente a la bandera número 2 (en el centro); le dará otra vuelta completa y regresará a la bandera del centro (2); le dará una vuelta completa y finalizará el recorrido saliendo por el lado contrario a donde lo inició (bandera número 1).

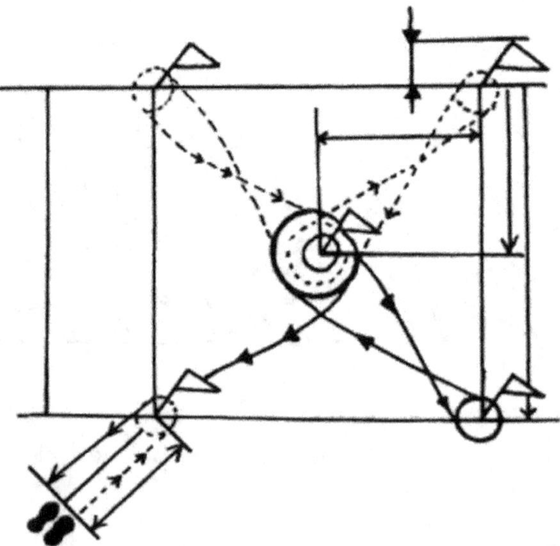

El examinado terminará el recorrido 3 metros después de la bandera número 1; el examinador oprimirá el cronómetro cuando el examinado cruce la línea de salida y cuando termine el recorrido.

No será válido el ejercicio si el examinado roza o hace contacto con las banderas.

Esta prueba se puede aplicar a niños, jóvenes y adultos.

Test de 15 metros slálom

Mide: La velocidad acíclica de las piernas.

El examinado se sitúa frente a la línea de salida o de inicio en la posición de pie. A la señal que da el examinador inicia el recorrido de 5 m en la línea recta, se da media vuelta y comienza a realizar el slálom entre las banderas o postes que estarán colocados a una distancia de 2 m entre cada uno, y que tendrán una altura de 70 cm.

Las 5 banderas o postes se deben rebasar dándoles media vuelta a cada una, para correr los últimos 2 metros en la línea recta.

El examinador pondrá en marcha el cronómetro cuando el examinado se acerque a la primera bandera y lo detendrá cuando éste termine el recorrido.

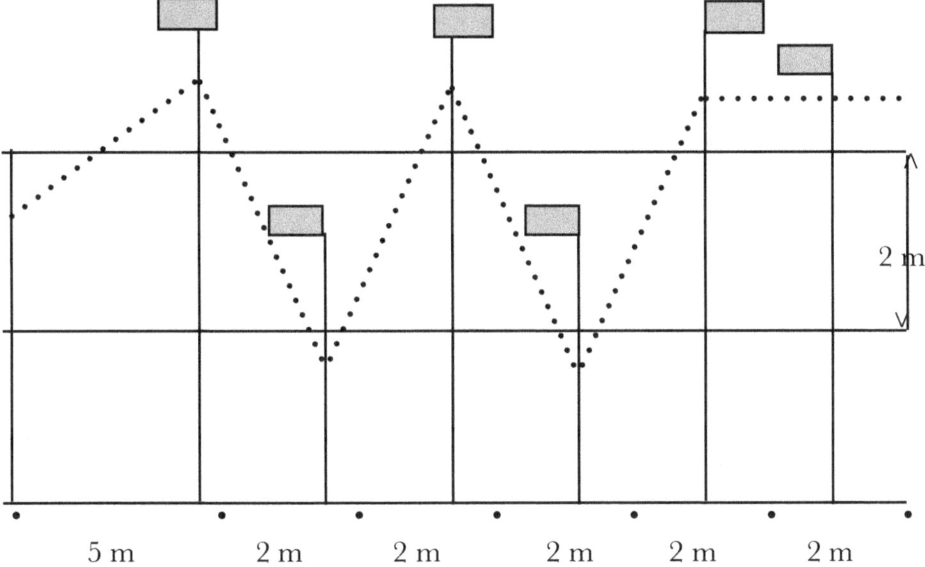

Los errores más frecuentes son: no pasar los 5 postes o banderas; tocar o rozar alguno de los postes o banderas.

Test de 20, 30, 40 y 60 metros lanzados

Mide: La máxima velocidad.

Primero se mide con cinta métrica la distancia que el examinado habrá de recorrer.

El examinado iniciará la carrera unos 25 ó 30 metros antes de la distancia que se habrá de cronometrar.

El examinador pondrá en marcha el cronómetro cuando el examinado pase por las primeras marcas de la distancia elegida (cartoncillo de color rojo).

Para que el examinador tenga una mejor visión, debe colocarse a la mitad de la distancia elegida donde se forme un triángulo equilátero y así pueda evitar errores visuales.

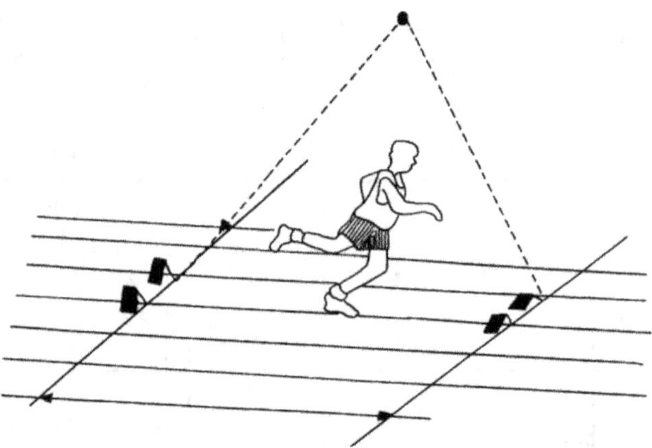

El examinado procurará alcanzar su máxima velocidad antes de llegar a la marca que se habrá de cuantificar.

Se pueden realizar dos intentos y se anota solamente el mejor resultado.

Se recomienda realizar un buen calentamiento para evitar lesiones.
Esta prueba se puede aplicar a jóvenes y adultos, pero no a niños ni adolescentes.

Test de 60 metros parados

Mide: La capacidad de aceleración.

La posición de salida para el examinado será de pie o salida baja con block; sobre la línea de salida.

El examinador oprimirá el cronómetro al disparo o cuando el examinado lleve el pie que tiene más atrás hacia el frente, lo vuelve a oprimir cuando el examinado pase las segundas marcas que limitan los 60 metros.

Se recomienda realizar previamente un buen calentamiento para evitar lesiones y desgarres musculares.

El examinado procurará realizar su máximo esfuerzo y no deberá detenerse antes de cruzar la línea de los 60 metros.
En esta prueba solamente se permitirá un intento.
Esta prueba se puede aplicar a jóvenes y adultos; no a niños.

Test de 300 metros planos

Mide: La resistencia general.

Esta prueba consiste en recorrer trescientos metros sobre una pista de atletismo reglamentaria, ya que si no se realiza en iguales condiciones, los tiempos no serán los mismos.

El examinador determinará previamente cuántos examinados integrarán los grupos, ya que esto dependerá de la cantidad de cronómetros disponibles y de las personas que puedan ayudarle.

La salida será en posición de pie y las voces de mando serán: corredores "listos" y al disparo o voz de mando saldrán para recorrer la distancia.

Se recomienda que después de llegar a la meta los examinados sigan trotando hasta recuperar el estado normal de funcionamiento de su organismo. A los cronometristas se les deberá instruir sobre el manejo de los cronómetros, para que todos ellos tomen los tiempos con los mismos criterios.

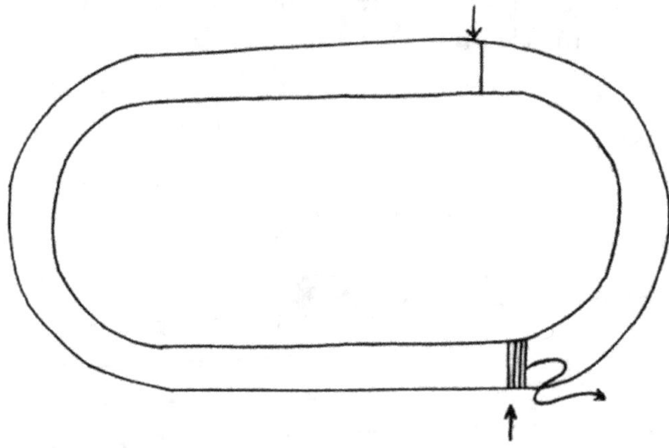

Es recomendable revisar las pulsaciones de los examinados para observar el nivel de recuperación que tienen. (Se recomienda revisar las pulsaciones a 10 segundos de haber concluido el ejercicio, y en los primeros 10 segundos de cada minuto siguiente).

Capacidad física de mi organismo

Con los resultados obtenidos en la aplicación de las diferentes pruebas se puede determinar el perfil de entrenamiento o rendimiento deportivo.

(Se recomienda revisar periódicamente)

Fecha

Seg.	Puntos
3.0	100
3.5	90
4.0	70
4.5	60
5.0	50
5.5	40

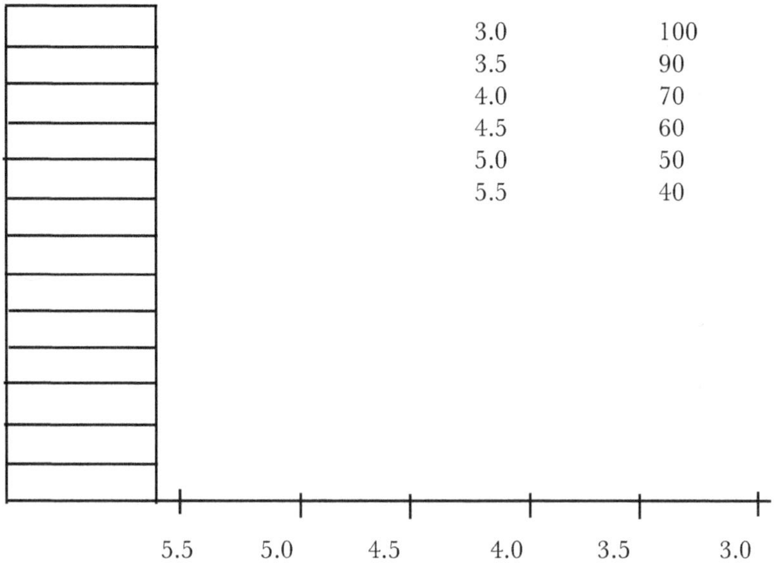

5.5   5.0   4.5   4.0   3.5   3.0

15 metros de slalom

Fecha

Seg.	Puntos
7.0	100
7.5	90
8.0	80
8.5	70
9.0	60
9.5	50

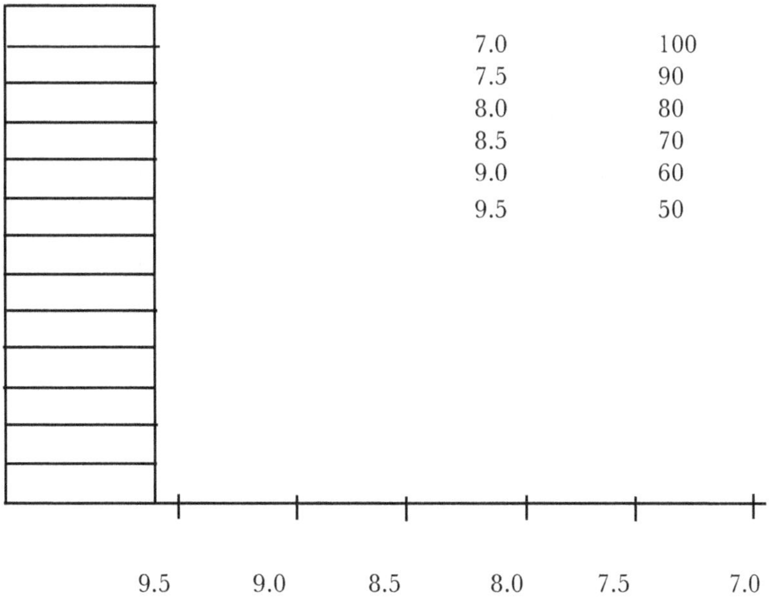

9.5   9.0   8.5   8.0   7.5   7.0

Salto vertical

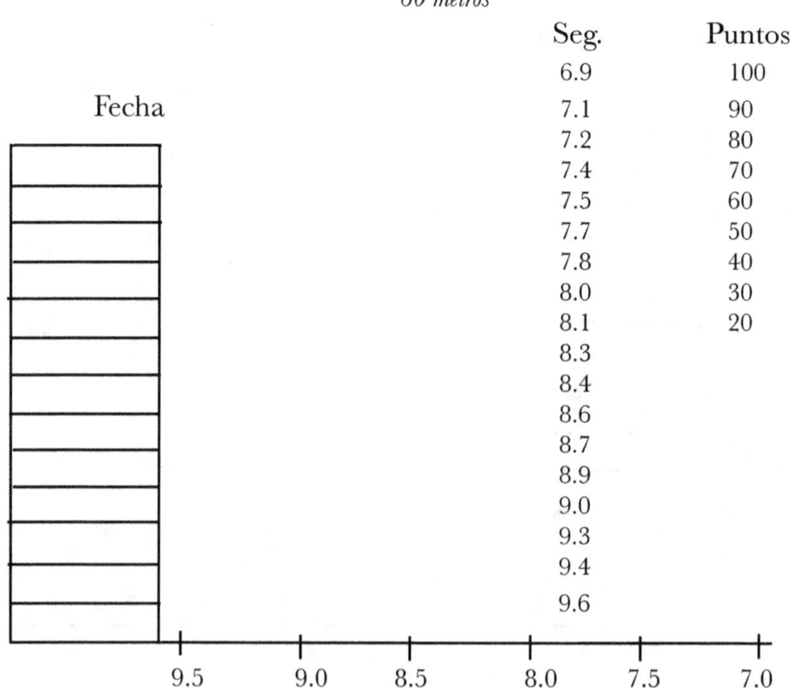

60 metros

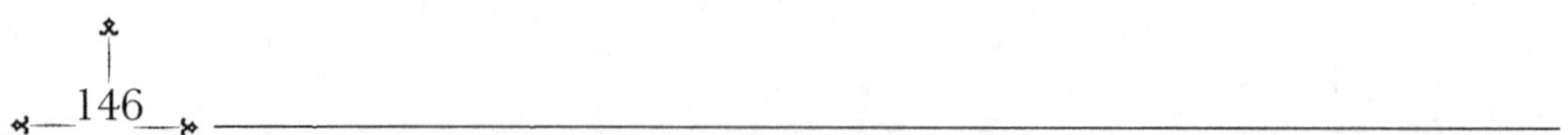

Lagartijas 30 seg.

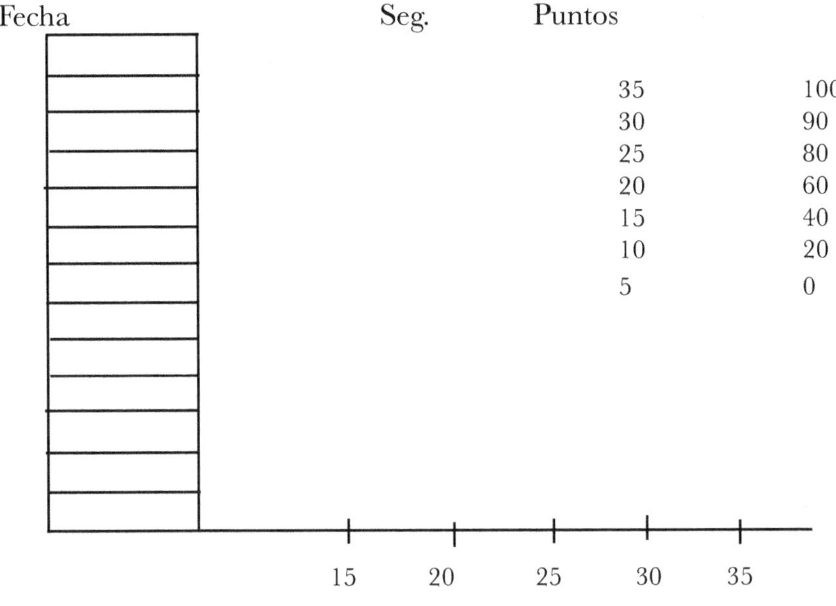

Abdominales 30 seg.

Coordinación

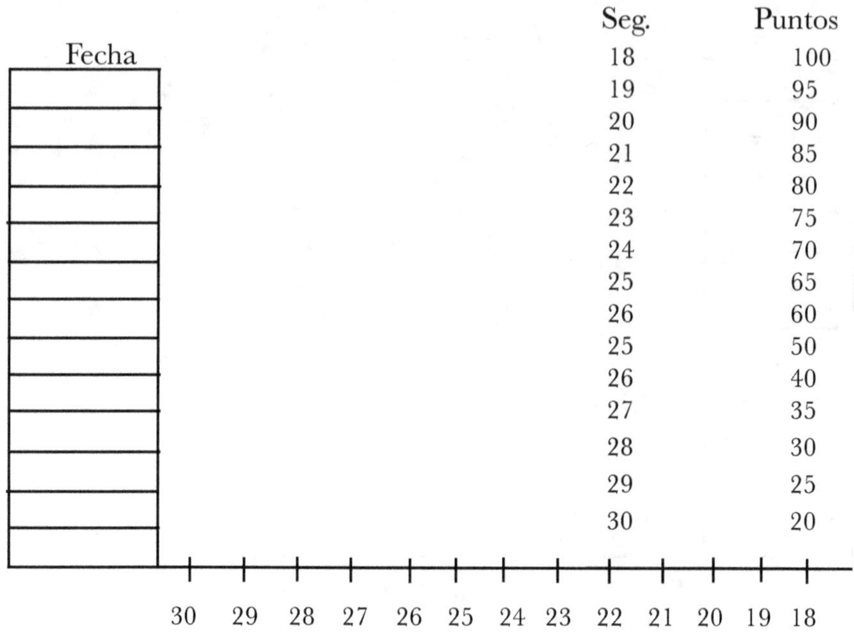

Fecha	Seg.	Puntos
	18	100
	19	95
	20	90
	21	85
	22	80
	23	75
	24	70
	25	65
	26	60
	25	50
	26	40
	27	35
	28	30
	29	25
	30	20

300 metros

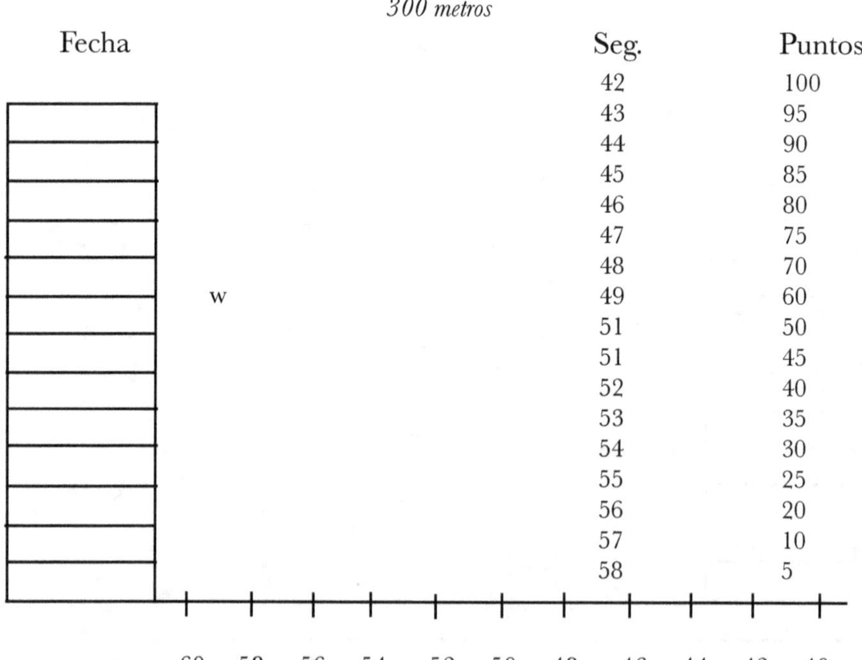

Fecha	Seg.	Puntos
	42	100
	43	95
	44	90
	45	85
	46	80
	47	75
	48	70
	49	60
	51	50
	51	45
	52	40
	53	35
	54	30
	55	25
	56	20
	57	10
	58	5

Dorsales 30 segundos

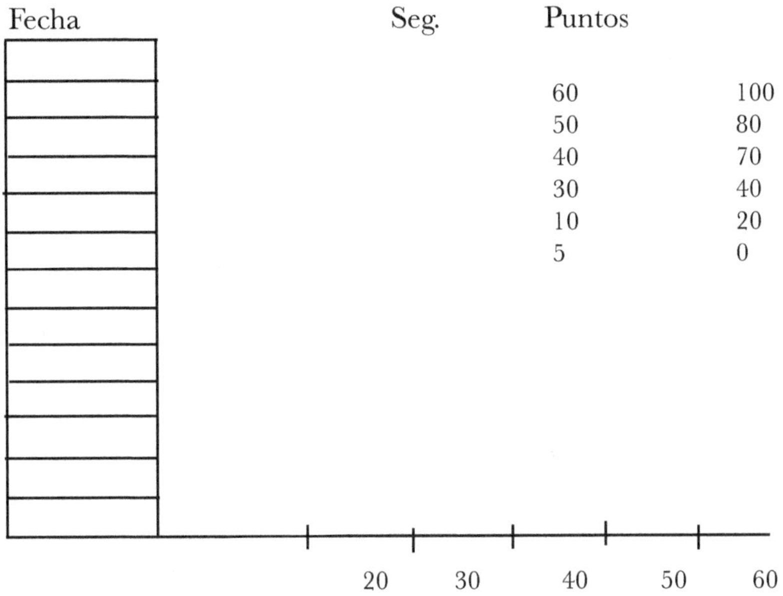

Fecha		Seg.	Puntos
		60	100
		50	80
		40	70
		30	40
		10	20
		5	0

20   30   40   50   60

Triple salto

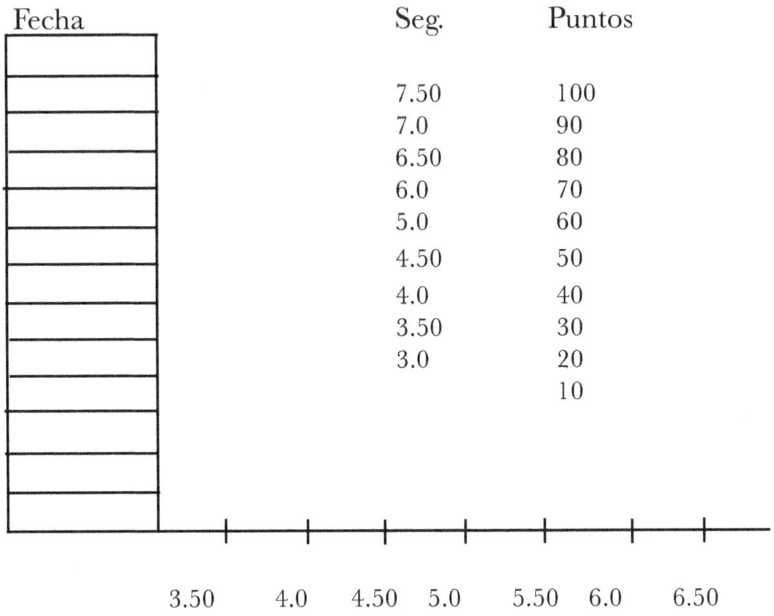 Fecha		Seg.	Puntos
		7.50	100
		7.0	90
		6.50	80
		6.0	70
		5.0	60
		4.50	50
		4.0	40
		3.50	30
		3.0	20
			10

3.50   4.0   4.50   5.0   5.50   6.0   6.50

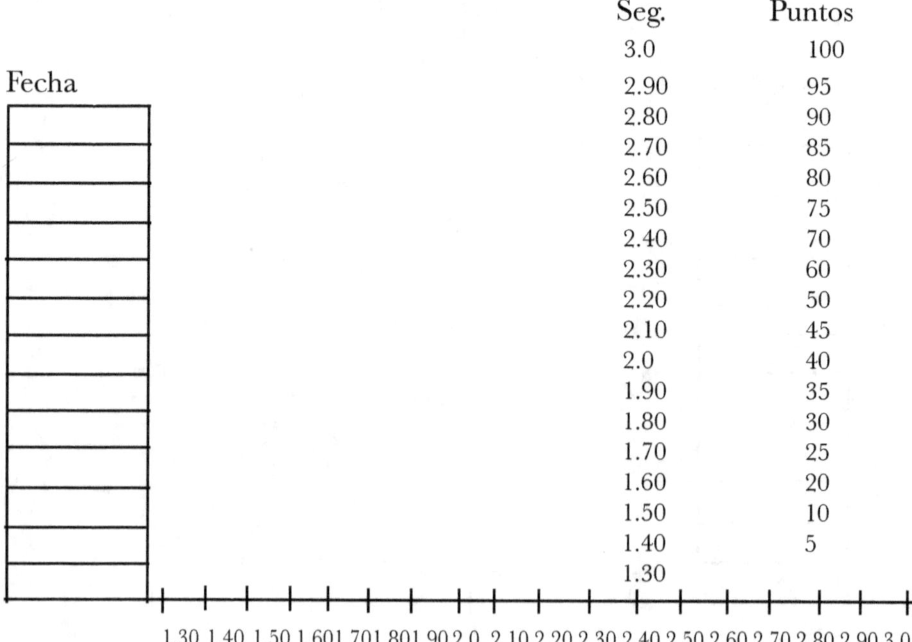

Test de flexibilidad
Fecha
Seg.
Puntos
25 100
20 90
15 80
10 60
5 40
4 30
3 20
2 10
1
5
10
15
20
Saltos sin impulso
Fecha
Seg.
Puntos
3.0 100
2.90 95
2.80 90
2.70 85
2.60 80
2.50 75
2.40 70
2.30 60
2.20 50
2.10 45
2.0 40
1.90 35
1.80 30
1.70 25
1.60 20
1.50 10
1.40 5
1.30
1.30 1.40 1.50 1.60 1.70 1.80 1.90 2.0 2.10 2.20 2.30 2.40 2.50 2.60 2.70 2.80 2.90 3.0

Observaciones:

Días	Carga			¿Cómo sientes tu organismo?		
	3 media	2 regular	1 fuerte	1 Bien	2 Regular	3 Mal
1						
2						
3						
4						
5						
6						
7						
8						
9						
10						
11						
12						
13						
14						
15						
16						
17						
18						
19						
20						
21						
22						
23						
24						

Días	Actividad deportiva	Carga: 1 fuerte / 2 regular / 3 media
1 — Lunes		
2 — Martes		
3 — Miércoles		
4 — Jueves		
5 — Viernes		
6		
7		
8		
9		
10		
11		
12		
13		
14		
15		
16		
17		
18		
19		
20		
21		
22		
23		
24		

R - Resistencia
V - Velocidad
- Movilidad
F - Fuerza

C - Coordinación
E-M - Elasticidad

J - Juegos

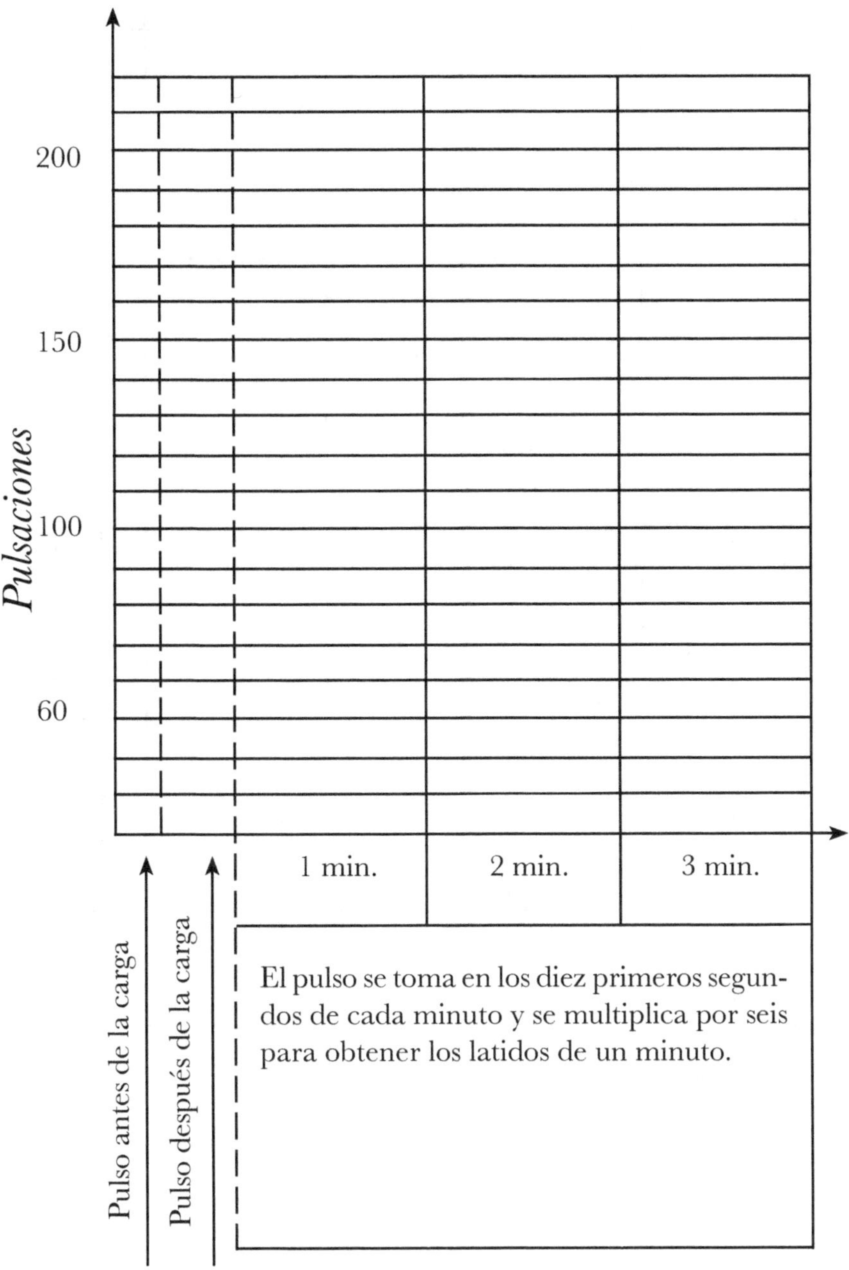

El pulso se toma en los diez primeros segundos de cada minuto y se multiplica por seis para obtener los latidos de un minuto.

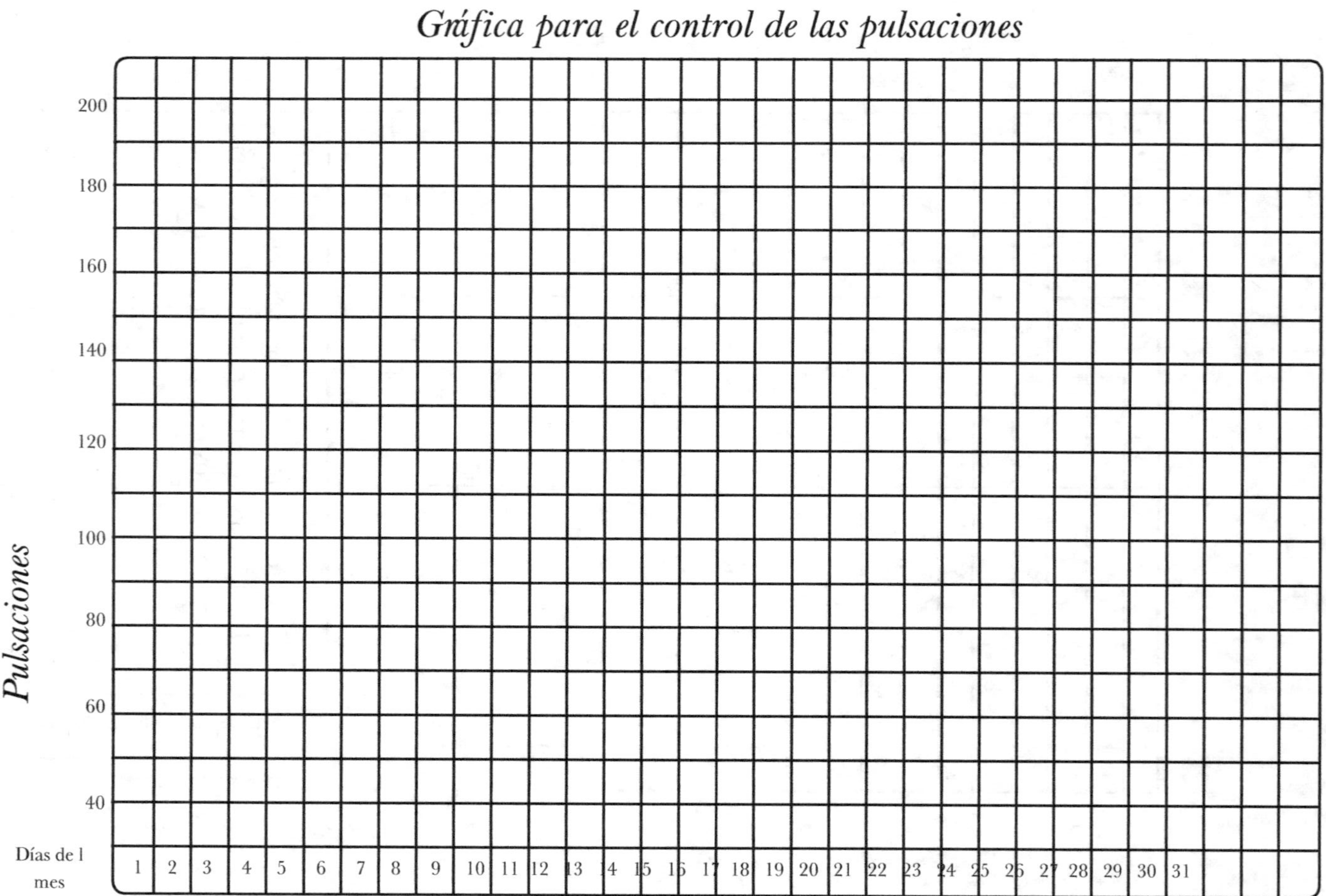
Gráfica para el control de las pulsaciones
Pulsaciones
200
180
160
140
120
100
80
60
40
Días de 1 mes
1 2 3 4 5 6 7 8 9 10 11 12 13 14 15 16 17 18 19 20 21 22 23 24 25 26 27 28 29 30 31

Capacidad física de mi organismo

Con los resultados obtenidos en la aplicación de las diferentes pruebas se puede determinar el perfil de entrenamiento o rendimiento deportivo.

(Se recomienda revisar periódicamente)

Puntos

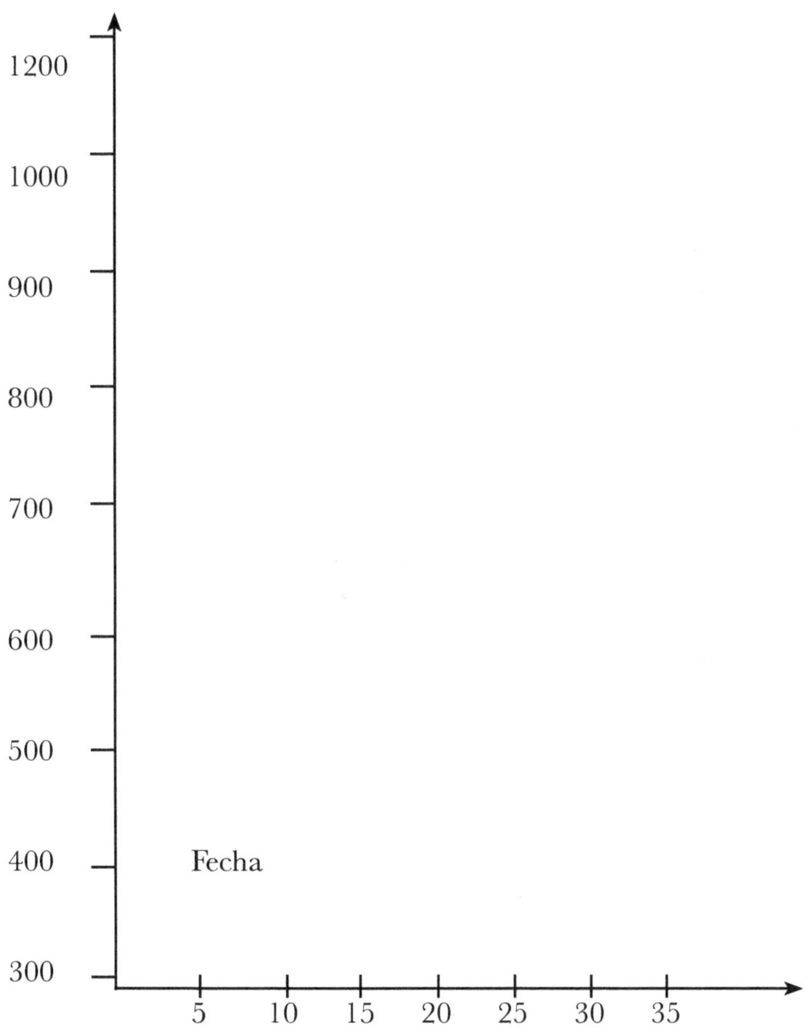

Anexo 1:

Detección y selección de talentos deportivos en niños y jóvenes

Como talento deportivo se considera al sujeto que reúne todas o la mayoría de las cualidades necesarias para destacar en la práctica deportiva de alto nivel, ya sea éste hombre o mujer.

El concepto de *selección de talentos deportivos* se debe entender como la decisión que se toma para la preparación de los futuros deportistas, con el propósito de desarrollar en ellos la máxima capacidad de rendimiento en la prueba o deporte que mejor se adecúe a sus posibilidades.

La detección de la aptitud (capacidad) y la selección de los talentos deportivos forman una sola unidad, dentro de la cual se deben considerar los siguientes factores:

a)   El estado de salud.

b)   Los parámetros antropométricos (peso, estatura o talla, medidas del cuerpo).

c)   Las capacidades físicas (aeróbicas y anaeróbicas): Fuerza, resistencia, velocidad y flexibilidad-movilidad; el tipo de fibras musculares y la edad biológica, etc.

d)   Condiciones y exigencias técnicas: Equilibrio, orientación (tiempo regulado); sensibilidad en el agua, la nieve, al contacto con la pelota; el ritmo, la música, etc. Es decir, nacieron para determinado deporte o prueba.

e)   Capacidad para el aprendizaje: capacidad para observar, concebir y analizar.

f)   Disposición: Tolerancia a la frustración, autocontrol emocional, tenacidad, disciplina e interés por el entrenamiento y las competencias.

g)   Capacidades cognitivas (cognoscitivas): Capacidad de concentración, inteligencia motora, inteligencia de juego, creatividad y capacidad táctica.

h)   Factores afectivos: Estabilidad emocional, capacidad para controlar el estrés y superar las dificultades que presentan las competencias en su máxima intensidad, así como demostrar un marcado interés por la práctica de determinado deporte o prueba.

i)   Factores sociales: Conciencia el rol o papel que desempeñará en el equipo.

La detección y selección de talentos deportivos se debe realizar tanto en las grandes ciudades como en las pequeñas poblaciones rurales.

Para la selección de talentos deportivos entre los niños y jóvenes campesinos, es muy difícil determinar el deporte o prueba en la cual tienen mayores posibilidades de llegar al alto rendimiento, por lo cual sólo podemos basarnos en los resultados que les permiten sobresalir de la generalidad (masa); es decir, los que se hacen notar entre los demás niños o jóvenes por un marcado dominio en determinado deporte o prueba.

Durante el proceso de selección se deben aplicar tests o chequeos que formen parte de una unidad con propósitos bien definidos.

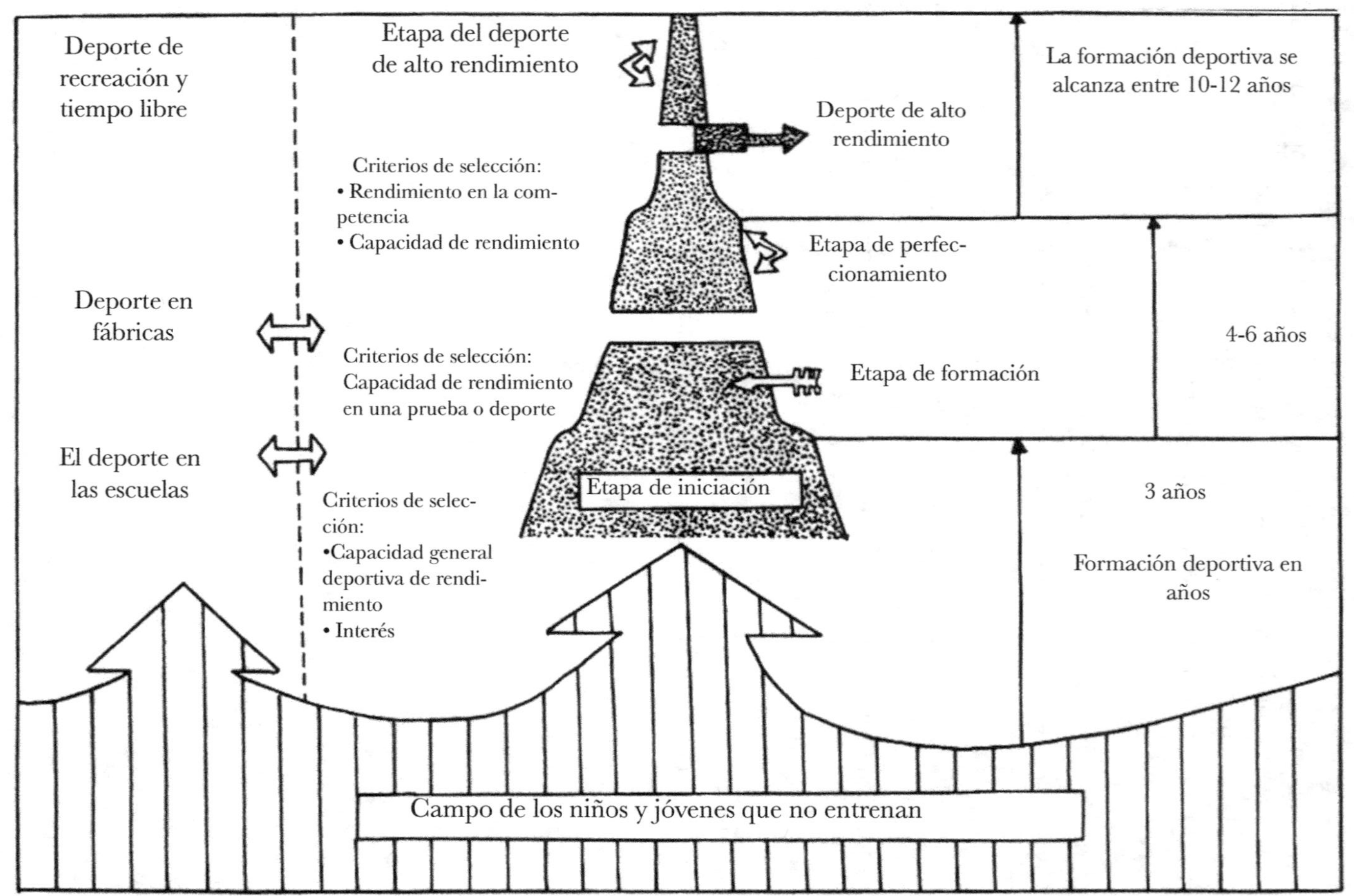

Deporte de
recreación y
tiempo libre

Etapa del deporte
de alto rendimiento

Deporte de alto
rendimiento

La formación deportiva se
alcanza entre 10-12 años

Criterios de selección:
• Rendimiento en la com-
petencia
• Capacidad de rendimiento

Etapa de perfec-
cionamiento

Deporte en
fábricas

Criterios de selección:
Capacidad de rendimiento
en una prueba o deporte

Etapa de formación

4-6 años

El deporte en
las escuelas

Criterios de selec-
ción:
•Capacidad general
deportiva de rendi-
miento
• Interés

Etapa de iniciación

3 años

Formación deportiva en
años

Campo de los niños y jóvenes que no entrenan

Pre-selección	Selección intermedia	Selección final
Características generales		
• Cuestionario observación y valoración general de los datos en los niños: - Estado general de salud. - Calificaciones en la escuela (buenas). • Características y medidas antropométricas que se requieren para cada deporte. • Capacidad física general (resultados y calificaciones de clase de educación física escolar)	• Chequeo individual: - Exigencias precisas y específicas del deporte o prueba. • Capacidad deportiva general para el rendimiento físico-deportivo (tests motórico-deportivos) para evaluar la aptitud física general. • Gran dominio de la estética física y la gracia deportiva. • Coordinación del movimiento (rendimiento para salta obstáculos) • Gran capacidad de fuerza,	Observación y chequeo de la realización del movimiento en un espacio de tiempo (chequeo-entrenamiento). • Rendimiento (resultados) y conducta durante ese chequeo-entrenamiento. • Resultados (rendimiento) general y especial en su deporte o prueba, así como la capacidad de rendimiento.
Gimnasia		
• Deben ser pequeños y relativamente con poco peso corporal, delgados, hombros y cadera anchos, y no deben tener gran pronunciamiento en las piernas en "O" ni tampoco en "X". • Gran capacidad de coordinación del movimiento; además, deben mucha fuerza y flexibilidad.	por ejemplo en brazos y tronco, así como para la fuerza en piernas. • Gran capacidad física-motórica (como es el rendimiento en los juegos recreativos y las carreras de relevos)	• La personalidad y su comportamiento. En un programa corto se califica: - El aprendizaje motor (coordinación del movimiento) - La fuerza y la velocidad acíclica. - La flexibilidad. - Cómo se comporta durante la realización del movimiento. - Conducta y estética en la realización del ejercicio. - Capacidad de concentración. - Espíritu de lucha.

Tabla realizada por:
Dr. Sieghart Hofmann/ Dr. Gert Schneider
DHFK Internacional 3/86, páginas 6 y 7.

Atletismo		
• Buenas características físicas desde estatura mediana hasta estatura grande. • Capacidad para las carreras de velocidad, de resistencia y de fuerza en los brazos. Los resultados obtenidos en la clase de educación física escolar (salto de longitud, 60 metros, triple salto, lanzamiento de pelota y bala de 800 metros)	• Observar el crecimiento y aumento de su estatura la cual es decisiva para el saltador, el lanzador, el decatlón y el heptatlón. (En la etapa de iniciación se enseñan las diferentes técnicas de las ramas del atletismo) • Carrera de velocidad 60 metros. • Fuerza (lanzamiento de bala) • Movimientos de coordinación; sobre todo la fuerza rápida (lanzamiento de pelota). • Saltos (triple salto). • Resistencia 800 m de carrera.	• Un chequeo individual para los niños seleccionados, en donde se pueda medir su capacidad; para las distintas pruebas de atletismo. • Medios generales y especiales en las distintas pruebas del atletismo. Además, se deben emplear los métodos adecuados con los que se pueda apreciar con claridad la disposición para el ejercicio y la capacidad para asimilar la carga. • El aprendizaje de las tareas de la natación.
Natación		
• Niños de estatura grande, relativamente flacos, con extremidades largas, hombros anchos y cadera pequeña. • Capacidad para la fuerza general y la capacidad de resistencia •	Considerar las características físicas como: - Estatura. - El índice Broca (El peso corporal y la estatura entre 100) - La anchura de los hombros. - Cadera pequeña. - Brazos largos, manos y pies grandes. - Poca grasa debajo de la piel.	• Capacidades de fuerza y resistencia. • La flexibilidad. • El aprendizaje del movimiento motor. • El deslizamiento y movimientos en el agua. • Disposición al esfuerzo. • Capacidad para soportar la carga. • Disposición al ejercicio.

Deportes de pelota		
• Estatura muy grande y muy grande (balón mano, basquetbol, voleibol). En el fútbol no hay limitantes en cuanto a la estatura. • Capacidad general para la fuerza, la velocidad y la habilidad de juego.	• La estatura debe estar en relación con el peso por ejemplo para el voleibol. • Capacidad de aceleración (30-60 m de carrera). • Fuerza rápida piernas (triple salto). • Gran coordinación del movimiento (acciones de juego)	• Gran capacidad de participación en varios juegos (situaciones de juego). • El aprendizaje y la disposición para el mismo. • El progreso en el aprendizaje del juego.
	Deportes de combate	
• Observar los diferentes pesos y categorías con en base la estatura y peso corporal, asegurando todos los pesos y categorías. En esgrima seleccionar por una estatura media, • Gran capacidad para la fuerza.	Observar la constitución física corporal según las condiciones de cada peso. • Fuerza rápida y fuerza de tronco. • Flexibilidad. • Gran capacidad de coordinación.	Observar el rendimiento y su progreso en las competencias de los deportes de combate • Evaluar su desempeño en el combate. • El riesgo. • Disposición al combate.

Bibliografía

BRAVO BARAJAS, César A. *Evaluación del rendimiento físico, laboratorio del desempeño físico.* Editorial Didáctica Moderna, 1984.

DE HEDEGÜS, Jorge. *Teoría general y especial del entrenamiento deportivo.* Editorial Stadium, 1977.

DIECKERT, J. KREISS, F. y NEUSELL, H. *Gimnasia, deporte y juego.* Editorial Keplusz, 1976

FETZ, F. y KORNELL, E. *Test deportivo-motores.* Editorial Kapelusz, 1976.

GESSELL, Arnold. Francés L, Ilg. y Louise Bates Ames. *El niño de uno a cinco años.* Editorial Paidos, 1980.

GIRALDES, Mariano. *Metodología de la educación física. (análisis de la formación física básica en los niveles escolares).* Editorial Stadium, 1971.

GUIMARAES, Toninho. *Métodos del entrenamiento deportivo.* Revista A.T.P. México, 1997.

HARRE, Dietrich. *Teoría y metodología del entrenamiento deportivo.* Habana Cuba, 1992.

JONATH, Ulrich. *Entrenamiento en circuito.* Editorial Paidos, 1974.

LANIER SOTO, Arístides. *Introducción a la teoría y método del entrenamiento deportivo.* Habana Cuba, 1980.

LÜSCHEN, G. WEIS, K. *Sociología del Deporte*. Colección Kine de Educación Física y Ciencia Deportiva. Editorial Miñón, 1979.

MATVEIEV, L.P. *Fundamentos del entrenamiento deportivo*. Editorial Raduga, Moscú, 1983.

MEINEL, Kurt. *Didáctica del movimiento*. Habana Cuba, 1981.

NEILL, A.S. *Sommerhíll*. Editorial Fondo de Cultura Económica, 1960.

OZOLIN, N.G. *Sistema contemporáneo de entrenamiento deportivo*. Editorial Científico-Técnica. Ciudad la Habana, 1983.

RADIANOV, A.V. *Psicología del entrenamiento deportivo*. Editorial Raduga. Moscú, 1982.

SEYBOLD, Annemarie. *Principios pedagógicos de la educación física*. Editorial Kapelusz, 1974.

ULRICH, Celeste. *Fundamentos sociales de la educación física*. Editorial Paidos 1975.

University Sport. *Metodología del entrenamiento deportivo*. Colonia alemana, 1994.

VALERO ALATORRE, Abel. *19 artículos escogidos sobre educación física*. Editado por la SEP, 1964.

El autor

Toninho Guimaraes Rodríguez

Licenciado Educación Física Recife Rio de Janeiro-Brasil. 1974-1978. Maestría en Metodología Deportiva, Colonia Alemana. 1991-1992. Entrenador Federación Catalana de Fútbol. Barcelona España 1886. Entrenador Nacional Albacete. Federación Española de Fútbol. 1990. Entrenador divisiones inferiores. F.C. Barcelona-España, Johan Croyf. 1992. Entrenador Federazione Italiana Giuco Calcio. Roma-Italia. 1989. Licencias C-D-E Federación Americana de Fútbol Soccer. Los Angeles-USA. 1998.

Exfutbolista Profesional Internacional. Brasil, Portugal, España, Suiza. 1972-1991. Diplomado Administración Deportiva. La Habana-Cuba. 1997. Catedrático Universidad de Educación Física. Monterrey-México. 1997. Entrenador Equipos Profesionales. España, Marruecos, África. 1992-1995. Coordinador Escuelas Deportivas Ayuntamiento Barcelona y Generalitat Cataluña-España. 1993 Congreso Internacional de Psicología del Deporte. México D.F. 1998. Congreso Ciencia y Fútbol. Madrid-España. 1990. Congreso Panamericano de Educación Física. Panamá. 1999. Conferencista en: Diplomados, Posgrados, Congresos, Seminarios, Simposios en Universidades, Federaciones, Clubes de Fútbol Profesional, Asociaciones Deportivas, Comités Olímpicos en diferentes países: España, Marruecos, Túnez, Brasil, México, Estados Unidos, Colombia, Perú, Venezuela, Costa Rica, Jamaica y Guatemala. 1992-1999. Comentarista Copa Mundo Francia 1998. TV. Azteca- México. Autor de cuatro libros y tres videos de fútbol. Brasil, México y Colombia. 1994-1998. Coordinador Programas Didácticos Deportivos en televisión. Casa Blanca-Marruecos, México D.F. Monterrey. 1993-1994, 1997-1998. Columnista enb periódicos y revistas deportivas. España, Marruecos

USA, México. 1993-1994, 1997-1998. Investigador en las ciencias aplicadas al deporte. 1992-1999. Entrenador de fútbol, 1992-1999.

Entrenador FIFA, 1992-1999.

Colección
Deportiva-mente

·····························

APRENDAMOS JUGANDO BALONCESTO.
Fundamentos básicos.
José Agustín Díaz

DEPORTE EN CANCHA MULTIFUNCIONAL.
Henry Pulido P.

EDUCACIÓN FÍSICA BÁSICA.
Toninho Guimaraes

EDUCACIÓN FÍSICA INFANCIA Y NIÑEZ.
Jairo Arenas Acevedo

EDUCACIÓN FÍSICA Y DESARROLLO PREESCOLAR.
Guía para la actividad corporal y el desarrollo motriz.
Mario G. Loaiza, y otros

EL ENTRENAMIENTO DEPORTIVO.
Toninho Guimaraes

EL SISTEMA, LA TÁCTICA Y LOS JUGADORES.
Toninho Guimaraes

FÚTBOL, INICIACIÓN Y ALTO RENDIMIENTO.
La preparación física.
Toninho Guimaraes

FÚTBOL
PEDAGOGÍA Y DIDÁCTICA
Edid Perea Perea
Jorge Alberto López García

PRINCIPIOS BÁSICOS
DE LA FUNDAMENTACIÓN EN EL FÚTBOL.
Toninho Guimaraes

VOLEIBOL.
Iniciación y alto rendimiento.
Toninho Guimaraes